访谈录

《三点一刻》

访谈/撰文　摄影
蜜思鲁　**赵小月**

三点一刻：人生旅程中的那些选择

人民东方出版传媒
People's Oriental Publishing & Media
东方出版社
The Oriental Press

图书在版编目（CIP）数据

三点一刻：人生旅程中的那些选择 / 蜜思鲁 著 . —北京：东方出版社，2022.8
ISBN 978-7-5207-2796-9

Ⅰ. ①三… Ⅱ. ①蜜… Ⅲ. ①人物—访问记—中国—现代 Ⅳ. ① K820.7

中国版本图书馆 CIP 数据核字（2022）第 082741 号

三点一刻：人生旅程中的那些选择
（SANDIAN YIKE: RENSHENG LÜCHENG ZHONG DE NAXIE XUANZE）

作　　者：蜜思鲁
责任编辑：钱慧春　冯　川
出　　版：东方出版社
发　　行：人民东方出版传媒有限公司
地　　址：北京市西城区北三环中路 6 号
邮　　编：100120
印　　刷：北京联兴盛业印刷股份有限公司
版　　次：2022 年 8 月第 1 版
印　　次：2022 年 8 月第 1 次印刷
开　　本：680 毫米 ×960 毫米　1/16
印　　张：16.5
字　　数：199 千字
书　　号：ISBN 978-7-5207-2796-9
定　　价：62.00 元
发行电话：（010）85924663　85924644　85924641

序 言

这篇序拖了很长时间,我感到很抱歉。因为和作者很熟悉,反而不知道从何说起。

大约 20 年前,第一次见到蜜思鲁,她刚刚从银行辞职,创办了一家叫作"唐宁书店"的书店,在广州的华乐路上。当时的唐宁书店,以它独特的韵味,成为地标式的存在。2014 年,在北京的一个聚会上,当时我正准备辞职,北京的朋友问:辞职后打算做什么? 我随口说:"去开书店吧。"

忘了蜜思鲁也在座中,那一年她刚从伦敦回国定居北京。

她问我:"你真的想开书店吗?"我不太好意思说刚才是胡说的。

于是,我自己成了唐宁书店的合伙人。广粤店是我从头至尾张罗起来的,也算是有了一次开书店的经验。我在想,如果当时没有那次聚会,不知道我还会不会做现在正在做的事。甚至我在想,当时我只是准备辞职,加入唐宁书店是不是最后推了我一把,让我最后下决心辞职?

唐宁书店 15 周年庆典上,有 8 对夫妻代表,他们都是在书店相遇、恋爱,然后结婚。我和他们聊天,他们有一个共同的感叹,如果当时没有推开书店的门,如果当时没有被那本书吸引而多待了几分钟,后面的故事就不会展开,就会有完全不同的人生。

我们常常感叹命运,但所谓的命运,好像是我们人生中很多个不经意的选择造成的。而我们的每一个选择,到底是我们的自由意志呢,还是冥冥中有什么力量在推动? 这本书以采访的方式谈论"人生旅途中的那些选择",采访的对象有作家,有设计师,也有生活家。每一个人在人生某些时刻做出自己的选择,因而有了不同的人生。

每个人对于人生的理解，对于选择的理解，并不相同，并没有一个标准答案。蜜思鲁透过这样的采访，于对话之中，不仅仅是观看别人的戏剧，更多的，应该是在观照自己的内心和生活吧。字里行间，我能感受到这些年来她的思考和寻找。这本书出版之际，她好像打算回到广州，回到唐宁书店。也许，所有的远行，都是为了回归。祝愿这本书是她某一段旅程的终点，又是一段新的旅程的起点。

费勇
2022 年 5 月

自 序

直到这几年我才明白，原来人生中有一条清晰可见、可攀爬的长梯是多么幸福的事。实际上，浮云遮眼才是人生的常态。

真实的人生画面——很像风靡一时的游戏——纪念碑谷（Monument Valley）中所呈现的，眼前不断有门、有台阶，没找到出口就永远不知道下一扇门后是什么。游戏刚开始的环节不难，一路快行就好，难度大的都在中段关口，逡巡很久试过所有可能才忽然"咔哒"一声眼前有了去路。临近收官，路径便没那么曲折多变；走到终点，四围空寥，只有一束光笼罩之下的那个小小的"自己"。

可是，游戏里有重启再来，而人生没有。所以，"怕选不对未来"也是人常有的内心暗暗的恐惧。

查了很久也不知道"选择大于努力"出处在哪儿，我只知道在互联网创业浪潮滔天的那几年，这是人人挂在嘴边的一句话。似乎选不对风口，踏错了方向，所有的努力都会付之东流。当这种选择不止关乎自己，还关乎团队、投资人以及家人的时候，很难举重若轻。重要的选择，不是一盘生意，一段关系，而是人生下一步的去向，A 或 B，就决定了下一个十年，甚而更久。

琢磨这句话，便发现把"选择"和"努力"对立就会陷入误区。实际上，只有努力的人才能拥有选择的自由，而持续不断的努力才能验证选择最终的结果。过度强调"选择"容易沦为投机，过度强调"努力"则可能变成蛮干；"选择"和"努力"，两者之间的关系更像是相辅相成的交替叠加。

在"选择"和"努力"背后，连接两者更深层的驱动力是什么？是经历，是思考，还是使命？寻找这样的答案，只看自己的人生远远不够，终究是一条窄道。去了解那些努力生活的人如何选择，才有可能获得普世性的答案；即使没有答案，也会从中获得启迪与能量。"三点一刻"的采访之旅就是这样开始的。

前后三年，刚开始是自己身边的朋友，到后来接受过采访的朋友又会推荐他们身边人生精彩的朋友给我，就这样采访了过百位朋友，分散各业，遍布各地。随着采访的累积，我内心的困惑、疑虑越来越少，被牵绊和束缚的东西都——松绑。可以说，我是在找到了内心答案的时候，觉得可以把这些采访中的内容集结成书分享出来。我想，相比于总结些法则，不如以文字如实呈现访谈中的内容，用摄影记录采访时的瞬间，每一个人生故事的曲折生动才是有力量的。

关于"如何做人生旅程中的选择"，人生不同则答案不同，唯一的相通之处是寻得自己内心笃定的力量源泉，找到属于自己的"那颗唯一的种子"。到那时，努力便是浇灌培土，而选择则是寻得时机土壤，静待花开。有了处变的从容，才有了选择的豁达。

期待，在这本采访的合集中能让您读到，人生际遇的缘分和心灵之间交流的力量，感恩。

鲁宁馨

2022 年 5 月

目录

PART VI　为人父母：和孩子一起重新成长

PART VII　勇敢的开拓者：人生总有不一样的活法

PART I

作家：人生是场旅行

双雪涛：文学，就是他与世界角斗的方式

简介：双雪涛，为故事而生的纯粹小说家。从一个普通的银行职员，到当代中国最具大师潜质的青年小说家，他用成熟而冷峻的文字和充满想象力的虚构笔法一手建造了属于自己的"北国幻境"。

"作家不是军队，不应该成群结队。"

"少睡一小时，多一小时和这个世界正面相对。"

这是作家双雪涛的语言风格，成熟、冷峻，总能戳破日常生活中的混沌，刺中那个还算意义的根本。这与平日里和气、不拘小节的他呈现出巨大的反差。他是"80后"，前银行职员，过去五年来横空出世的文坛新锐，履历中有着若干文学奖项傍身。

我读他的作品，第一部是《飞行家》，去年京东文学奖最后入围的五部作品之一。我客串做评选主持，需要集中读大量的作品，他的文字挟带着能量，一下就"跳了"出来。在评选现场，他被称作"纯粹为故事而生的人"。

《飞行家》中描写的大多是处在没落边缘的平凡人物，是与"正规"脱节，在卑微和绝境中依旧生存的一群人。在被众人忽视的角落里，读者依循他的文学视角，体味着现实中渗出的丝丝冰冷，也会不时被人性的火光映照，那是凡人身上的热血、尊严和自由。而我，从他的文字中读出了倔强。

再次感受这份不被无奈所压垮的倔强，是在此次西班牙之行尾声格拉纳达大学的文学活动中。作为西班牙最古老的大学之一，格拉纳达大学有着近500年的历史。雪涛的这场文学讲座被安排在格拉纳达大教堂对面大学所属的小礼堂中。

讲座的主题是"中国城市与文学"。我很疑惑，在这遥远的西班牙南部老城里会有什么样的听众前来。现代中国的哪些城市棱面引发着他们的兴趣？在文学式微的当下，文学于他们的意义又是怎样的？活动开始前的三分钟，礼堂人满了。

雪涛用依旧浓厚的东北口音开嗓，铁西区、艳粉街，儿时记忆的鱼龙混杂、老母亲的叮咛，只两三句他便顿住，慢慢等着翻译。一位二十年前从东北闯荡西班牙的同行朋友，眼神开始出离，在我身边嗫嚅说："失落的印记都回来了。"

我没有东北的生活经历，但依旧不妨碍那个被称作"东方鲁尔"的铁西区、那个曾经是沈阳最大棚户区的艳粉街，在我的眼前徐徐展开画面。"艳粉"二字和街头的草莽不着边际，却被历史魔幻地熔在一起，天然成了故事的温床。

听众开始提问，"北京、上海光辉覆盖下无法照见的中国城市生活""作家对于社会的使命"……有白发长者，也有年轻学生。提问的认真程度让我感叹：生活即使再遥远，小说也能让它不败落；未期的共情才是这个世界最好的联结。

去西班牙之前，雪涛送了他最新的短篇小说集《猎人》给我。依然是普通人的精神境地，但故事的游走更加开阔。这是四年北京生活的积累，曾经辨识度极高的东北语境在逐渐地脱壳。我想起他在俯瞰伯纳乌球场时和我说的一句话："男人骨子里就有角斗的基因！"而文学也许就是他与世界角斗的方式。

从银行职员到"迟来的大师"

Ⓛ 今天在格拉纳达书展上，你有个提法还挺有意思。你说作家分为两种类型：一种是僧侣型，一种是骑士型。你是一直这样认为，还是临时想到的？

Ⓢ 我是在准备讲稿的时候，忽然间想到的。我觉得有一类作家比较专注于根据自己内心做文章，这种属于哲思型或者具有艺术家气质的作家，比如博尔赫斯，我称之为僧侣型；而另一类作家能征善战，比如海明威、马尔克斯，他们当过记者，也去过很多地方，海明威自己还参加过西班牙内战，这种类型我称之为骑士型。其实作家分为很多种类型，我这么概括有点粗略，但是对于演讲来说，这种总结比较直观。

Ⓛ 作家的类型远不止于此，但是你会首先选择这两种，是因为这两类作家更吸引你吗？

Ⓢ 客观来说，海明威的人格具有一定的表演性，他把自己塑造成了文化明星，一方面他的硬汉形象深入人心，另一方面其作品有一定的艺术性，并不是通俗读物，这样的作家现在基本上已经非常罕有了。我们现在看到的明星，大多是娱乐层面的，电影、电视剧、音乐，大众文化基本上统治了人们的业余生活，做严肃文学的人很难成为全民偶像，所以，所谓骑士型的作家已经越来越少了。

你想去斗牛都没有牛给你斗了，越来越把你往书房里推。你要写得非常精湛，要把自己的活儿做得非常好，作家变得越来越职业化。但是不客气地说，一个真正属于时代的精神，肯定是这个时代里比较超前的思想，不可能是大众决定的。我们知道有很多作家虽然没有改变世界，但是他们的作品成了很好的寓言，影响了很多思想者，这些人在共同创造着思想财富。我个人认为这种思想艺术类的东西对社会非常重要。

Ⓛ 中国现当代文学里有很多讲述农村生活的作品，国外也有很多描写边缘性群体的作品。很多人认为，好的文学作品关注的其实都是大众不了解的生活。你在自己的阅读习惯里，会对什么样的文学作品更偏好？是让大众产生共鸣的，还是完全意想不到的一种类型？

Ⓢ 这两种我都会看一些，因为每一种都会带来不一样的乐趣。前一阵儿格非老师给我推荐了日本作家志贺直哉，他有一本长篇小说《暗夜行路》，讲的是那种很多人不会经历的生活。我也很喜欢前几年非常流行的一本美国小说《自由》，它写中产阶级的家庭生活。我虽然不是那个阶级，但是通过看美剧、美国电影，能够快速把作品跟影视中的东西联系起来。

　　所以这两类作品对我来说都没有问题。我比较看重的是作品本身的文学性，比如我们读沈从文的《边城》，他写的肯定不是真实的湘西，而是通过自己的想象力改造，把一个异域的、你不了解的湘西凤凰传达给你，但是我们阅读起来也可以完全没有任何障碍。这就是由作家自身的文学能力决定的。

Ⓛ 我第一次看你作品的时候，感觉像在玩拼图游戏，置身在一堆充满影像感的碎片之中，只有读到最后，才能揣摩出你布的迷局，品出其中千丝万缕的关系。这是你在写作构思的时候就有意识地布置下的迷宫吗？

Ⓢ 有的作品在写之前就想好了结构，有的作品是写着写着自己"长成"那样了。我也有那种平铺直叙，一条大马路开过去的作品，但是大多

数情况下，我自己都不甘心简单地处理一个作品，除非故事本身的情感特别打动我，我可以用情感来推动情节。在作品结构上，我还是想有点意思，这是激励我写小说的出发点，如果没有这么点甜头给我，我写起来也没有什么动力。

Ⓛ 你从还是银行职员的时候就开始自发性写作，那时候并没有确定自己要当职业小说家，到后来这变成了明确的目标。在这个过程中，你自己的生活和你看待社会的角度有什么变化吗？

Ⓢ 还是有极大变化的！因为在一边做银行职员，一边写作的时候，其实身份是不清楚的。你不知道自己到底在干吗！那一年里，其实人是很分裂的，上不上班，认真上还是不认真上，这些问题一直盘旋着。我把工作辞了，其实就是把自己的生活理清楚了，成与败，行与不行，反正就这么一个事儿了。

　　2012年的辞职对我来说是一个关键性决定。因为从小到大，我一直都是一个谨小慎微的人。那个选择突然间让我修改了自己的基因，开始改变，开始去写作。写作，我们形象地说成自己在掏心窝子写。其实也不能完全这样说，因为写作更多的是思考，是大脑活动，不一定非得用心。但是大脑和心配合起来，思考和情感配合起来，那才叫小说。

小说家的"多面"人生

Ⓛ 大家评价你的文字成熟而冷峻。文字散发出来的味道往往与作家存在的土壤有关，这跟你从小成长的环境可以对应上吗？

Ⓢ 我觉得作家也好，艺术家也好，其实都是社会人格和艺术人格的统一。有很多作家，你看他这个人和他写的东西是完全两个样子。在写作的时候，另一个自我会出来，这也是写作美妙的地方。我在写作的时候

有一个自己比较清楚的状态，这种状态在生活中其实很少显现出来。在写作里我可以做任何我想做的事情。

Ⓛ 所以你在潜意识里其实更喜欢在写作状态下的自己吗？

Ⓢ 我觉得这两个状态也不是完全割裂的，它们相互关联，但是有一定错位。在生活中，我大部分时间都是和气的，但是在小说里，你能感受到我很刻薄、很自负的一面。我写随笔的时候，跟写小说又不一样，因为在写那些文章的时候，自我流露得会更多。那种不太友善的个性，尖刻、自负的一面就会更明显。

Ⓛ 你成长在沈阳铁西区的艳粉街。艳粉街是那种像"牯岭镇"一样，一听就很有故事感的地方。艳粉街的生活于你意味着什么？

Ⓢ 艳粉街的故事在我的小说里出现过一些，我在采访里也说过一些，近两年提得比较少。因为一个人的记忆会褪色，你一旦重复地讲，味道就会变干，到你搞不清楚当时到底怎么回事的时候，就会慢慢把这些记忆篡改。在这次西班牙书展上，我又开始讲艳粉街。因为今天的主题是城市文学，刚好相关，我的讲稿也是关于这么多年来城市变化与我个人成长的。

　　从一个城市到另一个城市，城市在变化，我也在变化。一个作家必须清楚自己的来处，自己出发的地方，这里有巨大的可挖掘的空间，之后到了别处，还会经历很多。它们并不相互抵触，不是敌人，不是说我今天写北京了，就再也不写东北了。它们在一个作家的灵魂里是住在一起的。

Ⓛ 我听起来的感觉是，虽然你一直都在输出作品，但是在文学积累方面，你似乎还处在一个采摘期，还在不停吸收新的东西？

Ⓢ 我希望一个作家一生都能处在这个时期，永远都在学习，因为一旦板滞化了，写起来会很痛苦，别人读起来也会很痛苦。其实海明威在晚年也固化了。他给自己树立了一个形象，然后卡在里面出不来了。一个作家只有拥有一颗平常心，别把自己当回事，跟所有人打起交道来才有意思，自己的职业生涯也会更长，而且能够从中得到乐趣。

Ⓛ 我们都知道职业作家要走的其实是一条很窄的路：首先你得写出头，然后还要保证有持续的作品，同时还得解决物质生活上的问题。你在决定做职业作家的时候，想过自己将来的生活方式吗？

Ⓢ 第一，基本生活要有保证。说白了，吃不上饭，什么都白扯。第二，每天有比较多的工作时间思考或者处理跟文学有关的事情。第三，不能贪心。作家最忌讳的就是什么都想要。你要做一个作家，还是一个像作家的学者，或者文化名人？可以选择的道路有很多，每一条都不能说是错的，但是你得清楚自己一生中的大部分时间做什么，这个也要干、那个也要干，最后肯定是把自己弄得四分五裂。我觉得好的作家这几点都能具备，但是这只是具备了好作家的基础，还不一定能做成。

"旅行是享受生活的一部分"

Ⓛ 你并不是那种热爱旅行的人，也不是一个经常去外地的人，但是这几年文学活动参与得多了，你也去了很多地方。在旅行中你最喜欢做的事情是什么？

Ⓢ 吃喝玩乐，纯粹的放松。旅行属于我享受生活的一部分。

Ⓛ 你会在旅行之前有意识地去看那个地方的相关的书吗？

Ⓢ 基本上不会。但是这次来西班牙之前我看了一本，不过只是大致浏览

了一下。我属于感受型旅行者，不喜欢被书本里的东西限制住。真实的东西会让我有更直接的触动。

Ⓛ 旅行不仅是一种休闲方式，也是大众认知世界的一种方式。曾经的文学也是，比如在 80 年代，一本小说出来以后，万人空巷，大家都争相阅读。但是近些年来，国人的旅行欲望井喷式上涨，真正能够静下心来阅读的人反而越来越少，文学变成一件特别私人的事情，你怎么看这种状态？

Ⓢ 我觉得旅行和文学开始的时候本来就是朋友，现在其实也是一样。比如一个人出去旅行了，拍了照片，配了一些感想，发在了朋友圈，其实这也叫文学，这也是旅行的收获。对我而言，旅行其实就是 enjoy，比如我到喜欢的地方旅行，不会强迫自己今天必须收获什么。我是到了，然后就顺其自然。

Ⓛ 如果在西班牙待上三个月，你会做点什么，写点什么呢？

Ⓢ 如果在那儿住三个月的话，我可能会去看一场斗牛，但是事先要做点心理准备，因为我一直觉得那很残忍。然后我肯定会去看足球比赛，因为我是梅西和小罗的粉丝，也很喜欢巴塞罗那的踢球风格，看完可能会写一点东西。当然我做的最多的事情一定是吃，写吃。两三个月的时间，足够写一两部以西班牙为背景的短篇小说。如果时间更长一点，我可能会写一组这样的短篇故事。

02

周国平：历尽岁月涤荡，不减少年心性

简介：周国平，著名学者、作家、哲学家。他的文章不是学术式地抽象解构，也不是传记式地英雄谱曲，而是一篇篇经过岁月涤荡的心灵独白。他的散文，就像迷雾中一束探照的光芒，读者可以顺着他的思路去推敲，勾勒出将来那个未知的自我该有的样子。

　　二十年前的我，在北大南门的小书店里，翻开了他的散文集《各自的朝圣路》。读着读着便陷入惊喜，生命、性情、独处、坚守……这些词带着爆裂的能量撞击着我的思绪。他的文章不是学术式地抽象解构，也不是传记式地英雄谱曲，而是一篇篇经过岁月涤荡的心灵独白。有关那一天的记忆，我只记得时光消遁，周遭隐去，文字连接起隔空的声筒，让我可以与他遥遥对谈。

　　未承想，多年后我会走进他的书房，像朋友一样，回溯那些带着生命能量的词汇，只不过每个词的背后已附上我的感知和曾经求证的时间轨迹。和国平老师的相处有如朋友式的宽松。他实在是一个没什么年龄感的人，甚至在他的神态里还常能捕捉到与年龄不搭的"少年感"。

　　他送过我一本心灵自传《岁月与性情》。自序中谈道，不仅是旁人，甚至连他自己也常常意外自己的年龄。可作为一个为"死亡"这件大事提前二三十年"整理行装"，一点点去记述的作家，又怎会真正忘记时间的流逝！推敲原因，如果非得总结的话，他说要有活出真性情的品格，以及与内心相应的诚实，这才是他无比看重的。

送我这本书是因为某次谈话间我突然问道："您有那种一生受益的朋友吗？"他神色略怔了一下，笃定地答我："有啊，郭世英。"然后回身在书架上翻找出这本书递给我，"你想了解的话，有空可以看看。"

那天晚上，蜷在家里的沙发上，我一口气看完了这本书，"北大岁月""农村十年"……我的神经是绷紧的。五十年前的历史通过这样的私人视角排山倒海般倾尽于前。失去挚友的痛，埋首农场的迷惘，在精神本能和现实之间寂静地思考……这一幕幕在我眼前联结成画面。

学者的外表，平静达观。我惊叹他如何能将历经洪流后的沧桑平复如水。前段时间，我出差，早上听蜻蜓 FM，刚好点到国平老师的"大师小课"——"两个小时听懂尼采"——尼采曾经那些惊人之语，竟无比精准地预言了一百多年后的现实。哲学家的思考跨越了时代，在纷纷扰扰的世事中穷尽力气去阐释人类生存的完整意义，也正是这种求索救赎了自己。

在音频节目的发刊词中，他感叹道：三十年过去，他这一代的学人已经步入中老年。但与人相比，时代似乎老得更快。"鸷鸟不群"，尼采用诗一般的语言饱含激情地疾呼，而作为翻译了大量尼采著作的哲学家，他的孤勇却是摈弃了冰冷的架构，将哲思埋藏在世间的脉脉常情中。

守望内心的"孤独"思考者

Ⓛ 在您三十多年的写作历程里，我发现有一些高频词语，例如孤独、距离、真实、爱、女性……您是怎么寻找这些命题的？

Ⓩ 这是一个自然而然的过程，我没有刻意寻找过。这些命题对我而言都是生命中最重要的部分，如果缺少了这些东西，生活可能会乏味许多。

Ⓛ 现代社会信息爆炸，生活节奏过快，很多人觉得人情淡薄，常有孤独的感觉。在您读大学的 60 年代，孤独感又是来自哪里呢？

Ⓩ 这可能跟我的个性有关，我天生需要孤独。很多人可能无法理解，因为我们生活在一个杂乱的外部世界里，很容易被外界信息裹挟，没头没脑参与进去，很少考虑我是谁，这些东西和我有什么关系。

我对大众一拥而上追捧的东西都本能地排斥，因为我觉得它会把我那么看重的自我给湮灭掉，所以一直都很警惕。对我而言，一个人独自看一本书，想一些事情，才是最舒服的状态。现在时代变了，但是很多人还是在被外界的东西裹挟着走，不同的只是这些东西的内容，而那种被潮流裹挟的状态一点都没有变。

Ⓛ 一直流传着这样一句话，"男生不可不读王小波，女生不可不读周国平"。我身边确实有很多女性从您的作品中受益很多，对此您怎么看？

Ⓩ 我觉得这话其实是带有调侃性质的，我自己也很难说清楚原因，但是我觉得这可能和我的性格有关系。我在情感方面比较细腻，会把自己

体会到的东西，用尽可能准确的语言表达出来。一般人都认为女性情感细腻，男性相对粗犷一些，我觉得这是因人而异的。我从小就比较内向、害羞，甚至有点人际交往障碍，在陌生人面前经常讲不出话来，所以与人深入交流的机会不多。

一个人的生活中有可以交流的人，我觉得是一件特别好的事，很多重要的事情都可以在相互的思想碰撞中向前发展。但是我没那么好的运气，一直到进大学之前，我都没有这样可以深入交流的伙伴。没人交流怎么办？我就自己多想一点，然后把它写下来，所以从那时候开始，写作对我来说就不是一件我要去做、我要去追求的事情，而是我生命的需要。我不写，没有办法把窝在心里的东西释放出来，而且写作也能帮助我更加深入地思考。所以我从小就养成这样一个习惯——自己一个人思考和写点东西。但是从来没有想过发表，那个时候也不能发表。

Ⓛ 所以您后来发表的文章是不是很多都是以前写的？

Ⓩ 大学毕业以后，我在广西山沟里待了十来年。那段时间我在县宣传部当理论干事，周围的人都重视搞关系，大家打成一片，只有我喜欢下班后关起门来，自己看书、写东西，以至于我的领导一直认为我是一个清高、孤傲的知识分子，身上有一堆改不了的臭毛病。后来别人都升迁了，我却从县机关被下放。这实际上就是我的一种生活方式、生存状态——从不间断地对自己内心作反省和分析。写作的时候，内心的那些东西就会自然而然地带出来。回到北京以后，我开始发表作品。从引起的共鸣来看，我才发现原来很多人都需要这个东西。

Ⓛ 当时您在广西下放的时候，心里难道没有一点受挫感吗？

Ⓩ 我说的下放，实际上是被分配到一个县委党校。工作单位在乡间的一

片荒原上，只有几间破房子，人很少，一个校长，两个教员——我和一名天津下放的中学老师，还有一个炊事员、一个会计。就这么几个人，成年累月在荒无人烟的破房子里过日子。那时候除了偶尔出去讲课，大部分时间都是没事干的。我本来就不留恋县城里的生活，所以也乐得自在。我觉得自己需要的东西很少，生活很简单，当时只不过更简单了一点，这个我真的是不在乎的，而且我有了大量看书的时间。

我原本的写作底子挺薄的。在北大的六年，前两年都是基础课，第三、四年都在农村搞"四清运动"了，然后到第四年结束的时候，"文化大革命"又开始了，所以六年里面其实只有两年时间在学习，看的书非常有限。到了广西那个地方以后，其实一开始也找不到书，只有宣传部里那两个书柜的学习材料，一套《马恩全集》，一套《列宁全集》，39卷，我全部读完了。所以后来回北京读研究生，赶上国内学术界争论人道主义问题，我写了很多这方面的文章，这都是那个时候打下的底子。

历尽千帆，仍是少年

Ⓛ 无论是北大时期，还是在广西那些年，其实都很惊心动魄，但是您却可以"片叶不沾身"地独坐书屋把该看的书看完。而到了90年代，大家开始追求经济，知识分子一下子被边缘化，您却成了知名散文家。如今，知识付费时代到来，我们又可以听到您的课程。"随缘顺性"这个词淋漓尽致地在您身上展现，实际上这需要强大的精神来支撑。我一直很好奇，您是怎么做到的。

Ⓩ 这个时代，我要发挥什么作用？时代变了，我还要发挥什么作用？我从来没有这样的定位，我觉得这种定位很可笑，很投机！对我而言，最重要的东西一直都是内心天性的东西，它是有一条轨道的。我喜欢

读书，喜欢写作，这在任何一个时代，哪怕是文化专制时期的北大，或是在精神贫乏的广西环境下，我都觉得不是问题。在任何一个环境里，一个人思想的自由、阅读的自由是剥夺不了的。

Ⓛ 在我的印象中，您的作品感性、细腻又充满力量，总是对女性抱持友好的态度。但是几年前您也曾遭受女权主义者的抨击，这是您未曾料想的吧！您觉得当下女性形象的演进方向是背离自然还是超越过去？

Ⓩ 友好的态度，我觉得这个定义还是比较准确的。因为我不是女性，很多感受还是出于男性视角的，但是我把自己感受到的美好的东西说出来了。讲到女权主义，我觉得实际上男女平等问题本来是一个社会问题，大自然规定的东西都是平等的，是社会让它不平等。从改革开放以后这几十年的新时代来看，造成男女不平等的因素已经很弱了，甚至某些方面还有一点阴盛阳衰了，所以我觉得在这样一种情况下，没有必要格外强调女权。

所以，当被女权主义者集体抨击的时候，我其实有点蒙了。看到几千条激烈的言论，我第一反应就是马上删掉，结果她们骂得更凶了。所以我索性不删了，也不看了，等事态平息下来，才写了一篇文章集中回应。实际上在那场风波里，我被抨击的文字是 20 年前出版的作品里的，以前从来没引起过争议。我表达的东西其实很简单，我觉得大自然的安排是对的，男女需要平等，但是这种平等是建立在每个人尊重自己的个性基础上的。女人与女人也不一样，选择应该是多元的。你要当什么样的女人，没有唯一的样板，不能因为你认为那是保守的、传统的、男权主义的，就强迫别人摒弃自己的选择。

Ⓛ 对应于女性形象的变化，其实这几年对男性形象的定义也是社会

热议话题。冯唐曾写过一篇文章描述中年男人的"油腻"，与之对应的另一个词语就是"少年感"。经历如此之多，我在您身上看到的仍然是少年感。您自己也在自述中说过，"性情上还是那个敏感又淡泊的少年"。您怎样看"油腻"与"少年感"背后男性对自身的自觉和期许？

Ⓩ 我觉得对任何人都一样，能够有一个好的、向上的心态，人生才有意义。我曾经写过"我最陌生的词是'老'，最熟悉的词是'死'"。死的问题我经常考虑，老的问题我从不考虑，到真正感觉到自己老的时候，那就认老呗，但是现在我没这种感觉。我觉得自己每天都有很多事情要做，一个人热爱生活，同时又有自己喜欢的事业，这本身就是一个好的状态。当然总有一天你会衰老到无法做自己的事业，到那时你可能面对周围活泼的生命状态，会感受到隔膜。迟早会有那一天，但是我为什么要提前去想那个问题呢？没有必要。

Ⓛ 我最近刚好连着看了几个人在 80 多岁的时候写的书，查理·芒格、钱穆、杨绛。我觉得当生命逼近 80 岁的时候，刚好是一个总结性的时期。如果您 80 岁的时候写一本书，会是什么样的？

Ⓩ 这个我现在很难预测。杨绛先生《走到人生边上》首发的时候，刚好是我写的推荐语。她看完以后回复了两个字——"知我"。我觉得我跟杨绛有一点不同，她是一个文学家，一个作家，她的小说也好，记叙散文也好，都是很善于冷眼旁观，非常理性地观察和刻画人性。《走到人生边上》实际上是她对人生做的一个总体性思考，很深刻，也很诚恳。

她为了写这本书，还专门去翻译了柏拉图写苏格拉底的《斐多》，看苏格拉底面对人生、面对死亡的态度。对她来说，这是生命最后的绝唱，但同时也是她的全新视角，从哲学的角度去看待人生。可能跟学哲学有关系，我从开始写作，始终都是从总体的视角去看人生，所

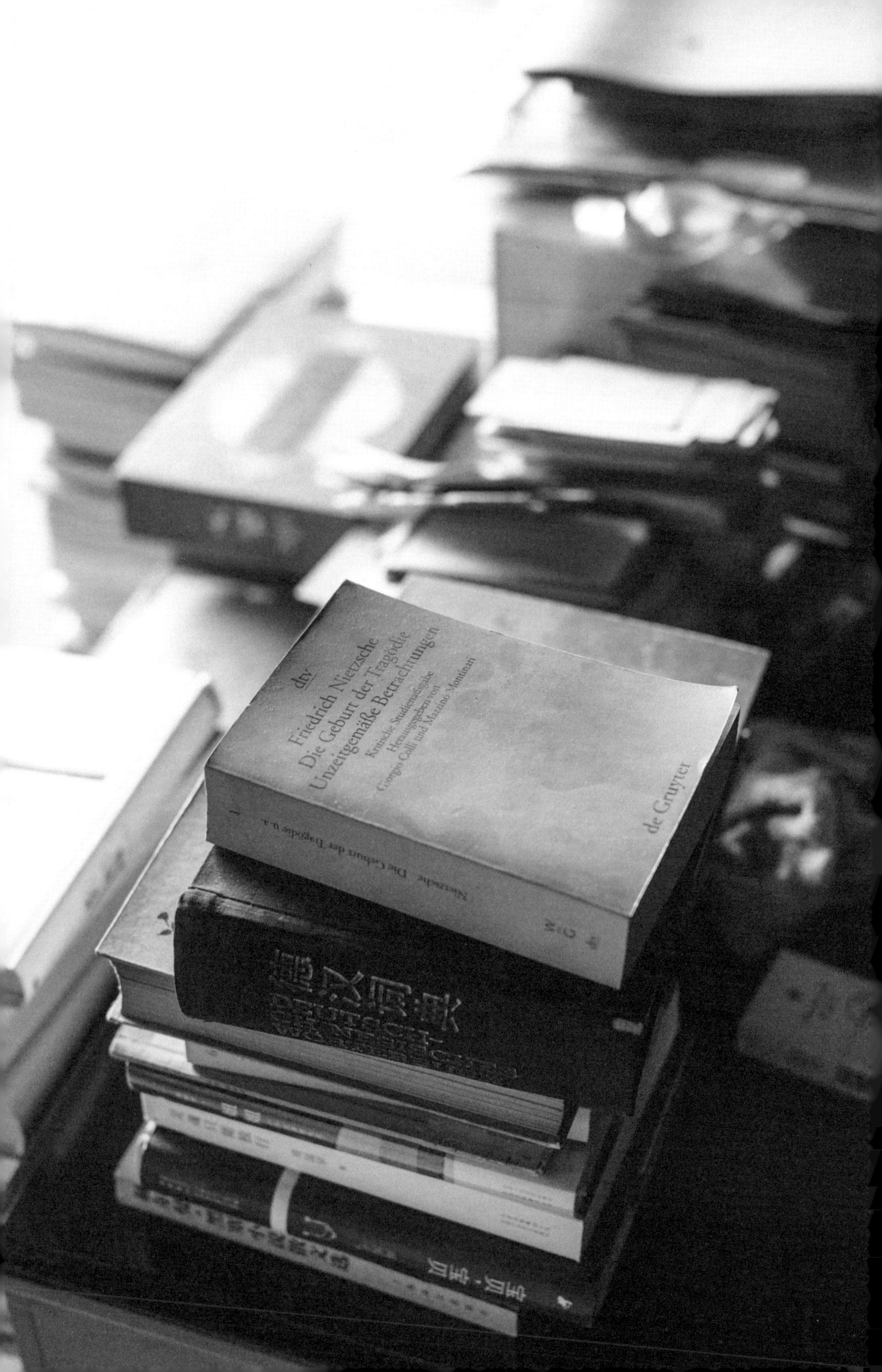

dtv
Friedrich Nietzsche
Die Geburt der Tragödie
Unzeitgemäße Betrachtungen
Kritische Studienausgabe
Herausgegeben von
Giorgio Colli und Mazzino Montinari
de Gruyter
Nietzsche Die Geburt der Tragödie u.a.

以我可能到最后也写不出什么新东西来了。我觉得人应该始终保持两面：有激情，又理性。

痴情的父亲

Ⓛ 您在自述里讲过，您是一个痴情的父亲。用现在的话来讲，就是"女儿奴"。您当时为什么会用"痴情"这个词呢？

Ⓩ 我觉得这个词很准确。我很喜欢小孩，跟孩子在一起的时候是我最快乐的时候，所以我会花很多时间陪他们玩。我觉得这对我来说是最有意义的。哪怕写作任务都往后推，我也无所谓。

Ⓛ 所以在您的概念里，完全没有为孩子牺牲什么的想法。

Ⓩ 我觉得自己赚到了。跟孩子相处的时光，我从来不觉得是浪费。在孩子面前，你可以毫无保留地回到纯真状态。跟面对社会上的人，需要时不时地戴上面具的状态相比，孩子会让你回到相对动物性的状态。当做人做得累了，这种感觉非常美好。我们每个人对自己的幼年时代都没有什么记忆，但是当你跟孩子在一起的时候，在陪伴一个幼儿慢慢成长的过程中，看到的那种生长的情景是非常灿烂的，是一个特别好的风景。在这个过程中，你实际上重新经历了一次幼年时代。

Ⓛ 在我的记忆里，教育的普遍焦虑一直存在。经济发展、生活向好，又加剧了这种焦虑。您觉得是什么让父母和孩子在教育的理想和现实间拉扯？作为父母，正确的角度和合理的预期应该是什么？

Ⓩ 我们没有必要让孩子重复自己，也没有必要让孩子按照自己的意愿成长。我一直有一个非常明确的观点，就是孩子是另一个灵魂。他的身

体是父母给予的，但是他的灵魂不是父母赋予的。这个灵魂最后会以什么样的状态展现出来，会走什么样的路，你完全不知道，也支配不了。现在很多父母非常焦虑，把孩子盯得很紧。我反倒觉得，适当地睁一只眼闭一只眼才是真正的智慧。

比如我儿子小学的时候玩性特别大，不喜欢学习。但是上了初中以后，他改变了很多，原来对作业的厌烦情绪没有了，也开始变得爱读书。从《三国演义》《水浒传》到全套金庸作品，虽然很多都是休闲类的小说，但是他从中找到了读书的乐趣。我觉得这种感觉他以后也能在其他书中找到，所以我不担心。一个孩子，有灵活的头脑，有思考的能力，同时又爱读书，就可以了。

03

江南：缥缈十年，幻想作家的仗剑征途

简介：江南，畅销小说领军者，国内幻想文学代表人物。十余年写作生涯，从《九州·缥缈录》到《龙族》，二十多部作品，他在自己缔造的幻想世界里，找寻浪漫隽永的"桃花故乡"。

　　与江南的这次相谈是在从莫斯科去往圣彼得堡的高铁上，因而有充裕的四小时可以慢慢聊。

　　名校毕业、年少成名、流量作家，这是近几年网络上围绕着他如影随形的标签。他是书粉口中的"南南""南大"，也会被一句话捧为"老贼"。流传于网络照片中的他衣冠楚楚，不似作家惯常散淡随意的形象。重重包裹之下，真实的作家江南反倒是模糊的。

　　机场会合时见他，灰衣黑裤黑靴，一米八几的个儿，高瘦而结实，一眼便能看出平日里的自律。他有表达欲，但不属于你来我往滔滔不绝的那种，大多时候甚而有些沉默，遇上感兴趣的话题才会大段分享见解，言语流畅分明得可以直接录作文章。

　　江南这次来俄罗斯是为《龙族Ⅴ》的采风。作为被常年催更的写作者，他有明显的压力。可是，这样的年纪，这样的时代，谁又能逃过"焦虑"二字？只是作为年少即获得声名的人，压力和焦虑会数倍地放大，用他自己的话：每隔两三年，都要应付江郎才尽的声音，因此只能选择不断站出来。

　　他是历史迷。《龙族Ⅴ》里龙骸发现地选在俄罗斯，很大程度上源自他读过的一本书——西蒙·塞巴格·蒙蒂菲奥里的《罗曼诺夫皇朝》。二十位君主，三百年的王朝，帝国的野心，皇族的命运，的确足以点燃一个幻想小说家无边的想象力。从莫斯科到圣彼得堡，一路的行程多以博物馆和教堂为主线，那些皇室的收藏和建筑的细节常会让他驻足很久。

有一幕是在冬宫下花园尽头的海边。那天骤然降温，海平线上堆积着阴蓝色的云层，厚重而绵密。我们大多因为衣衫单薄而有些瑟缩，江南却明显兴奋昂扬起来。他在栈桥上看向远方，那是芬兰湾通向整个波罗的海的方向。远处是势要成为欧洲第一高楼的拉赫塔中心，近处随海水翻滚的是延绵而生的水草。

"在沼泽地上建一座辉煌的城！"彼得大帝这曾被世人认为近乎疯狂的举动已被历史永远铭记。站在那里，的确能感受到一种穿越时间而来的精神能量。天方夜谭真的可以因为一个人的雄心而得以实现。

"少年听雨歌楼上，红烛昏罗帐。壮年听雨客舟中，江阔云低，断雁叫西风。而今听雨僧庐下，鬓已星星也。悲欢离合总无情，一任阶前点滴到天明。"

江南说，他最爱的词就是蒋竹山的这首《虞美人·听雨》。少年到老年，听雨数十年，心境不同而意蕴不同。

说到底，人这一生中前行的能量从哪里来？见天地，见众生，见自己。若有这样的心量，便担得起不寻常的际遇，沉浮之中更能明心见性。

俄罗斯之行归来，江南舒展不少。如他所说，行进的途中，任何人都会有低潮，集中精力突破自己便好。

实现普通人的"英雄梦"

Ⓛ 从哪一个时间点开始，你觉得写作会是今后人生中很重要的一件事情？

Ⓙ 35 岁。因为在那个时间点上，我发现能用于做事的时间不多了，于是开始计算时间，开始做抉择，再也不能像以前一样顺其自然了。写书的人总是不停地有需要备份的想法。我想写一个什么故事，也许现在没时间，但是将来可能会写，就会把这些突然迸发的情节存放在某个文件夹里。

通常这样的故事都会由小变大，越变越大，等我写下来的时候，一本书可能变成两本书，两本书变成四本书，最后发现要写完这些 idea，可能需要 20 年的时间。等到我觉得人生可能只剩下 20 年，那就到了一个抉择的时候。

Ⓛ 当你确定以作家这个职业为生以后，你的父母有什么反应？

Ⓙ 从传统的角度来说，他们对作家还是很尊敬的，但是写作确实太难以谋生了，尤其在你刚开始写作的时候。当然，中国可能有几十个甚至几百个人靠写作谋生，但是这可能是建立在几十万个人写作的基础之上的。我觉得如果一个写作者不是全身心地热爱写作，真的很难把这个作为职业。如果只是梦想着自己成为知名作家，赚到稿费，你可能写到第二章或第三章的时候，就想放弃这个职业了。

Ⓛ 在你开始写作的时候，互联网传播刚刚兴起，付费阅读还没有开始。当时的作品主要通过什么途径传播？

Ⓙ 我在 BBS 上写过一段时间。那时候的 BBS 结构很简单，人也非常少，但是处在一个爆发期之前的状态，一部作品如果被大家认可，在论坛上传播速度很快。

Ⓛ 你的小说更多是类型文学，其实需要跟读者保持很好的交流。你希望大家读完你的作品后有什么样的心情，happy 吗？

Ⓙ 不一定都是 happy 的。类型文学有点像你要办一个 party，这个 party 的主题可能是欢乐的，也可能是悲伤的，甚至像演一个正剧。但是在 party 开始的时候，你首先要友善地跟大家打个招呼，希望大家都进到 party 里来，然后才把主题慢慢地呈现出来。

Ⓛ 你会在前期做一定的研究吗？比如现在大家喜欢看什么。

Ⓙ 我在写作的时候往往是一个绝对的作者，不会以读者的角度去看待自己的作品。但是我会在写作之后，或者写作之前，以读者的角度去看一些通俗作品，我希望自己能够稍微通俗一点。

Ⓛ 你借鉴的通俗作品大概有哪些？通俗到什么程度？

Ⓙ 我年轻的时候特别喜欢斯蒂芬·金和詹姆斯·希尔顿的作品。我喜欢的欧洲作家比较多，因为那个时候中文的通俗小说还比较少。当然我也看一些悬疑和侦探类小说，后来也看一些网络作品。我的阅读面还挺杂的。

在成为职业作家以前，我看书完全是凭着兴趣来的。成为职业作家以后，重度的阅读还是完全凭着兴趣来；至于轻度阅读，我会把面打开，读各种各样的东西。我想知道大家在讨论什么、热议什么，在关注什么，有什么样的情绪。因为我其实很难走到所有的读者群体中跟他们一个个聊天，但是有的时候你需要经常跟他们呼吸同一种空气，去看他们可能会看的作品。在这个时候是不带任何评价地去看那些作品，就像精神上的呼吸一样。

"写作让我看见了自己的路"

Ⓛ 在你的作品里，主人公形象常常是一个弱小孩和一个无敌金刚的混合体。你自己小时候是什么状态？

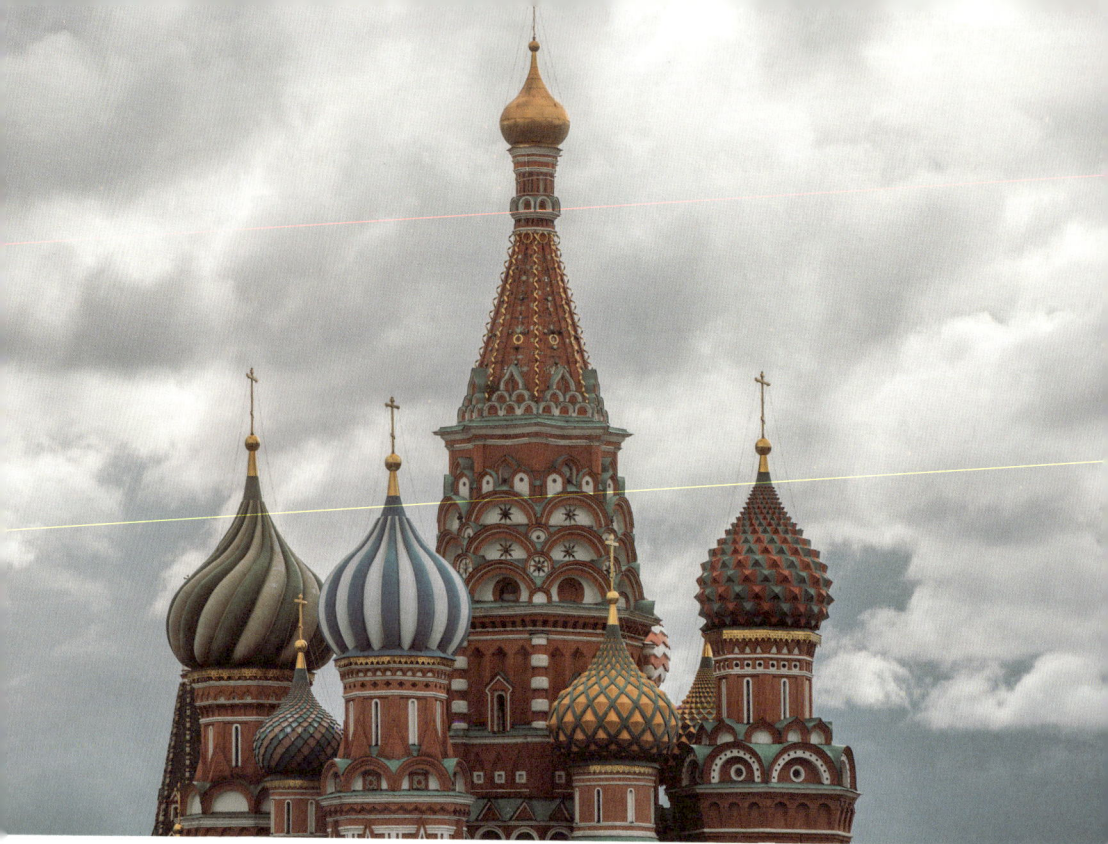

Ⓙ 我小时候比较听话，没有经历过什么叛逆期。父母一直觉得我是一个温和的、做什么事都会请示和汇报的孩子。所以在我二十四五岁开始写小说的时候，他们觉得我在错误的方面技能点太多了，也不像他们印象中的那样脾气温和，甚至有点急躁。

Ⓛ 当你从美国回来的时候，第一站选择了上海。回国之前你做好了今后的计划吗？

Ⓙ 那几年国内变化非常快，我过去的认知已经跟不上变化速度。上海给我的感觉就是一个充满活力的城市，也是一个我从来没有待过的城市，还挺有新鲜感的。其实回国之前，我已经发表过一部作品，也算稍有些名气，但是写书的人永远在想一个问题：你的下一本书是什么？我那时候想写东西，但是赚钱的动机不大，更多的是为了获得一种认同感，这可能是很多写作者的第一诉求。我早些时候有一些积蓄，可以养活自己从事写作，这算是一件比较幸运的事情。

Ⓛ 相对于你的知名度来讲，你的曝光是比较少的，这是你自己选择的结果吗？

Ⓙ 有一部分是自己选择的结果。我本能地觉得自己想表达的事情、表达的方式都不是大众喜欢的，因为很自我。写书的时候我可以通过不停修订，让自己的观点更清晰，但是讲话不能提前打草稿，而且我面对很多人的时候很容易紧张，感觉很耗电，比如面对 500 个人的时候，两小时电量就耗尽了。我也愿意跟别人交流，不过是跟少数人交流，我觉得这样听别人说话精力会更集中，交流起来也更走心一点。当然，有的时候我需要拿出一些东西去跟大家公开分享，这个时候做一对多的交流是可以的。但是大多时候，我都不太愿意走到市面上去。

Ⓛ 我俩刚才几十分钟聊下来，我感觉你的原始性格比较淡然，没有给自己那么多限制，比如"我一定要怎么样"，但是写作可能会把你性格中的某一方面放大，这个放大的点是什么？

Ⓙ 放大了自信。以前的我其实是一个自信心很不足的人，遇到问题，包括面对陌生环境的时候，第一个反应就是感到很艰难，不知道该怎么办。写作让我体验到自己做了一件多么虚无缥缈的事情，它让我从不知目标的环境中走出来，看见了自己的路。

Ⓛ 对于很多作家而言，写作是一件代入感很强的事情。在写的过程中，你可能会离自己内心越来越近，否则你写不出东西。在写作中，你找到的自己最舒服，或者相对本真一点的样子是什么？

Ⓙ 我觉得我能吸引到读者的一个最大原因，就是我本身是一个很普通的人。我会读通俗小说，和所有人干同样的事情，呼吸一样的空气，所以我在作品中呈现出的那种英雄主义的东西都很有真情实感。其实英雄主义这种想法存在于很多人身上，只是很少的人能够让它实现罢了。写小说，或者读小说都是一种心灵寄托的途径。

Ⓛ 但是很多人有了存在感以后，为了支撑这种存在感，所需的东西就会被不断放大。

Ⓙ 这是一个损耗的系统，就像化学里的高能态粒子，永远处在不稳定状态，需要有能量的维持，才能一直保持高能态。这并不是一个让人觉得惬意舒适的状态，但是所有的低能态粒子都希望转变为高能态。一个人年轻的时候都有一种莫名的活力，憋着还挺辛苦的，所以那个时候追求高能态，其实倒也没有什么成本。但是到了某一个年纪，就会进入一种无所谓的状态，能态高不高，对我实际没什么影响。追求高能态，有的时候当然是好事，但有的时候也会让你在追求的过程中躁

动不安，耗损很多时间和精力。到现在为止，我还没有完全卸下那股劲儿，有的时候还会雄心勃勃，但是不像以前那样总是雄心勃勃。

Ⓛ 近年来 IP 改编影视作品成为风潮，你的作品也相继被改编成游戏和影视剧。在你的书产品形态开发的时候，你的角色是怎样的？

Ⓙ 最初我都是尽可能涉入得深一些，希望能够维持作品原来的调性，但是这就是一个高能态，需要越来越大的团队和话语权。我是一个作者，大部分时间都用在写书上，制片相关的工作都交给公司的其他团队，他们自己完成，我基本不去掺和。

《龙族Ⅴ》俄罗斯采风行

Ⓛ 这次来俄罗斯是为《龙族Ⅴ》采风，也是你第一次来这里，是什么吸引你把这里作为故事背景的？

Ⓙ 我以前对罗曼诺夫王朝的沙皇家族了解并不多，后来读了西蒙·塞巴格·蒙蒂菲奥里的《罗曼诺夫皇朝》，厚厚两册书，从彼得一世一直写到尼古拉二世，信息量巨大。我用了两个月才慢慢读完。他写罗曼诺夫王朝的方法很传统、很经典，是围绕沙皇及其身边一群人展开的，从君主辐射到他周围的权臣，由权臣又勾连出主教，以及地方民情、对外战争，等等。罗曼诺夫王朝是统治俄罗斯的最后一个王朝，也是俄罗斯历史上最强盛的王朝。我对这种极端时代下的历史很感兴趣。

Ⓛ 当你真的来了，这两天在莫斯科走下来，哪些点让你觉得来了才能够更直观地感受？

Ⓙ 我以前有个习惯，每到一个城市都不会去景点，而是到巷子里走一走，

去看当地人真实的生活状态，这对写书很有帮助。它会让书中画面感的东西变得更好。幻想小说里的英雄人物都是与众不同的，但书里还有大量的背景人物，这些人都是越接近现实越好。比如去巴西，你会看到很多人拿着一瓶啤酒，在太阳下坐一个下午；在俄罗斯你都看不到这样的人。

Ⓛ 俄罗斯人给你最深的印象是什么？

Ⓙ 俄罗斯没有特别慵懒的人，我见到他们最慵懒的状态，就是昨天在克里姆林宫里，到了傍晚的时候有些人会表现得比较悠闲，但是大部分人走路速度都比较快，整个城市呈现出一种现代化的状态。但是这里又有浓厚的新古典主义气息，甚至像罗马万神殿一样的建筑，非常奇幻。我们昨天晚上还看到了大佬带着穿超短裙的女人，后面跟着两个保镖。你会感觉这个城市跟别的地方都不一样。在这里待着，就会知道城市的细节是什么样。它会呈现不同的质感，看照片或者查资料是很难体会到这种味道的。

　　这就是为什么我还保持着一个很传统的写书习惯，就是所谓的采风。目前我书中写到的国家，我都会去实地考察一下，这会让我在小说本身的情节铺排上，找到介于现实与想象之间的平衡点。我喜欢设身处地捕捉当地人的一些动作细节，感受他们在聊天中的每一个笑话、每一个梗。比如一个老人在被阳光晒得炙热的铁皮屋顶下喝着啤酒，面前的街上人来人往，太阳落山，热气已经散光了，老人应该已经喝了四小时。你不去那里，永远感受不到那个东西。

04

费勇：于尘世中"修心"，化衣食住行为生活哲学

简介：费勇，中国提倡生活方式研究第一人，是院长，是教授，是博导，是书店创始人，也是传媒公司的 CEO。70 年代时，他 15 岁读大学。直到现在，他都坚持每年写一本书，每天发布一篇文章。他的《不焦虑的活法：金刚经修心课》，曾创下每 77 秒售出一本的夺金记录。他不是出家人，但在连接佛教哲学和日常生活方面，他可能是相当有见解的一位。

喜马拉雅上的《费勇的佛学修心课》收听量已经超过 2360 万次。作为一档要实实在在收费的 300 集音频大课，1800 万次的收听量是难得的成绩。300 集音频即是 300 篇文章，不仅包含佛学正课，还有修心练习的方法，以及日常引人焦虑的困境解惑，通看课程纲目便可知他希望"学以致用、知行合一"的用心。

"佛学修心课""陶渊明生活哲学""王阳明心学"……若说这些音频课以及费勇的一系列书籍著作是被众人所见的枝繁叶茂，那么这颗"研究佛学和人生哲学"的种子则是多年前早已种下，并成为他人生各种身份的真正一以贯之的引领之力。

出生在有两千多年历史的江南古城湖州，自小随奶奶长大，15 岁上大学，22 岁硕士毕业，后来当上大学教授、系主任、电视台领导。五十岁前，他的人生面貌是常人眼中"才子"该有的样子。

五十岁后，费勇离开单位创业，专注于生活方式研究和内容开发，着实让周遭不少朋友一时无法理解。在求稳的年纪不再求稳，对可攀缘的仕途欣然放下，其间该是有多少波澜！即使亲近的朋友也难以在他的脸上寻

出迹象。

我只记得，十多年前他不经意间提过，无论工作事务如何变化繁多，他有一个雷打不动的人生目标：一年写一本书。现在回看，他的确做到了，而且从佛学到圣人哲学，他的写作主线始终围绕"修心"二字。

创业之后的他，与"修心"本源贴得更近了，生活反倒变得简单，生活榜发布、音频课录制、视频节目拍摄，都只是与之相应自然而生的事务。如他所说，人生最幸运的事莫过于寻得两种东西：本质的自我，以及与之相匹配的社会角色。总结起来寥寥数字，可大部分人即使历经半生波折也未必能求得正解。

他爱看电影。用《黑客帝国》中的领袖墨菲斯给出的命题作比喻——是选择红色药丸打破幻觉回到真实，还是选择蓝色药丸继续沉溺在虚拟世界的美好中？或许是从孩提时就爱扮演老师，又或许是自小就莫名地被"我到底怎样度过这一生"这样的问题所萦绕，他对现象背后因果法则的探究

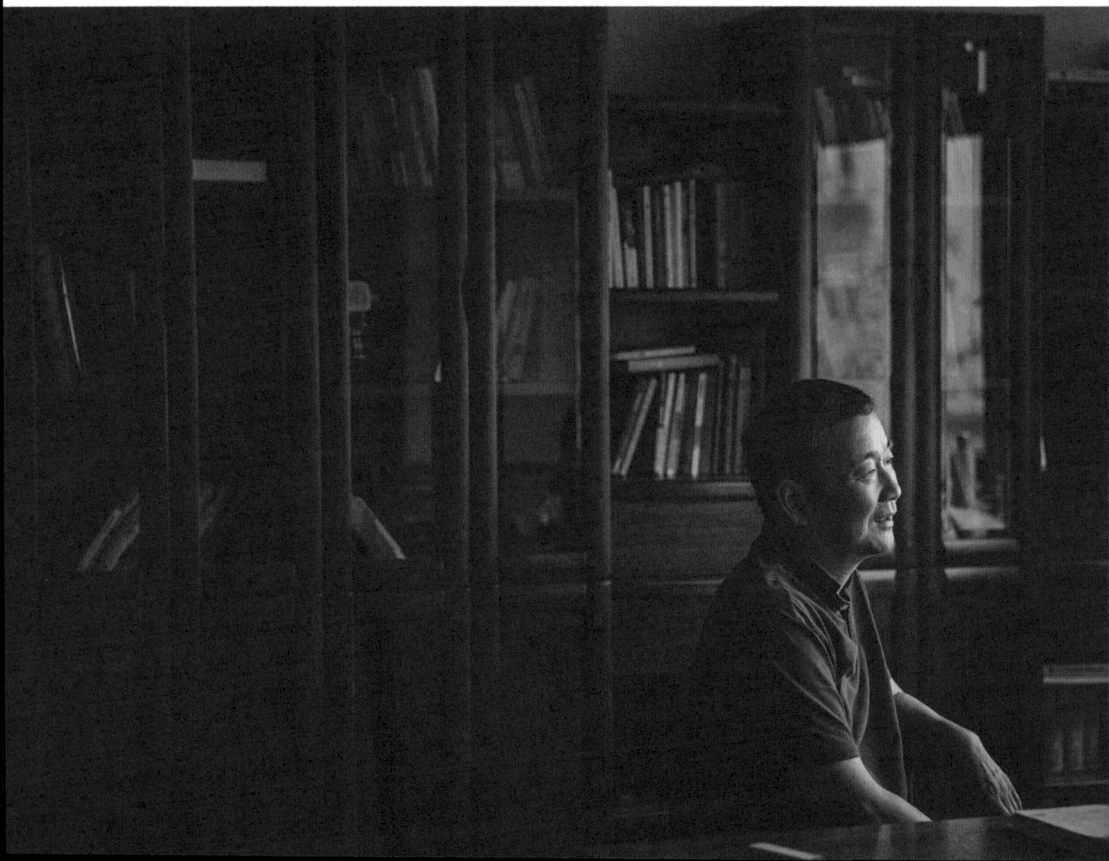

欲望并未随着时光流逝而消磨。

读过那么多书，写过那么多文章，我问他受谁的影响最深？他停了几十秒，给了我答案：释迦牟尼、庄子、柏拉图、陶渊明和张爱玲。前三位是世代受人推崇的思想先贤，而后两位的组合却很有意思。

陶渊明身处乱世，却为后世千年的知识分子建立起精神上的诗酒田园；张爱玲入世得很，世道看得透彻清楚，将人性的细微处糅进现代汉语的文字缝中，化平凡为深远。

就像苏东坡说自己是陶渊明再世，圣贤的智慧能够穿越时间与空间成为更多生命的养料。我不禁去回溯那些对我影响至深的人与文字。在流淌的时光中，每一份生命体验都独一无二，既有来处，便应寻得更好的去向，落种生根，蓄力生长。

费老师的"知行合一"

Ⓛ 我是在认识你十年之后，才修改了对你的称呼。在此之前，我一直都叫你"费台"，然后突然有一天变成了"费老师"，因为那一天你告诉我，你不再当台长了，这对你来说是一个非常重要的选择。如今六年过去了，回看当时，可以分享一下其中的感受吗？

Ⓕ 我觉得每个人都有很多自我，但是其中一定存在一个最本质的自我。人一生中最幸运的事情就是找到这个最本质的自我，然后获得跟这个自我相匹配的社会角色，或者说某一个职业。我们可能会做很多"假象自我"的事情，有时候也能很快乐，但是最终还是会纠结，或者不平衡。我有过很多社会角色，但是最终发现在这些角色里，我最本质的角色其实是老师，因为只有这个角色让我感到心安。

我为什么那么喜欢王阳明？因为最让他感到自在的角色也是当老师。他虽然当官了，但实际上当官的时候他是不舒服的，靠什么调节？

当老师。所以他被贬谪到贵州龙场的时候，做的第一件事就是创办龙岗书院。那时候当地人帮他盖房子，他马上想到的是用这个房子开办书院。所以你看他在贵州那么艰难，但是在当老师的过程中，他得到了自我价值的实现。

从电视台辞职对我来说是人生的一次重大转折。在此之前我也犹豫过，但是现在回头再看，我觉得当时那些担忧很可笑！实际上你一出来就会发现，原来天地不止那么大。而且人一旦找到内心想要的东西，真的很奇妙，好像是一下子豁然开朗，身体也变好了，做事情也顺了，这就是所谓的"知行合一"的境地。王阳明提出"知行合一"的观点，很多人把它片面地理解为理论联系实际，事实上不是的——"知行合一"最深刻的意思就是，你内心想的事情跟你做的事情要高度一致。当这个一致性达成的时候，那了不得了，他说会产生一种力量，我自己已经体会到了。

Ⓛ 王阳明是你这两年开始重点研究的人物，最近我也读了你的新书——《做人：王阳明心学的真正传习》。但是回溯起来，你想当老师这颗种子最初是来自王阳明，还是其他什么缘由？

Ⓕ 我也不知道为什么，从小就喜欢当老师。小学的时候最喜欢玩的游戏就是叫一帮小朋友来家里玩，我拿一块小黑板给他们上课。我那时候就有个"臭毛病"——好为人师，喜欢给别人讲授东西，这是天生的。所以后来我研究生毕业后，毫不犹豫地选择了当大学老师。

Ⓛ 过去这二三十年来，教育本身发生了很大的变化，老师的身份也发生了很多变化。那么，你作为身处其中的人，教学生也好，著书立作也好，从你自身体会出发，你怎么看今天的教育和教师身份？

Ⓕ 近代以来教育体制化，教师成为一种职业、一种谋生手段。我讲到老

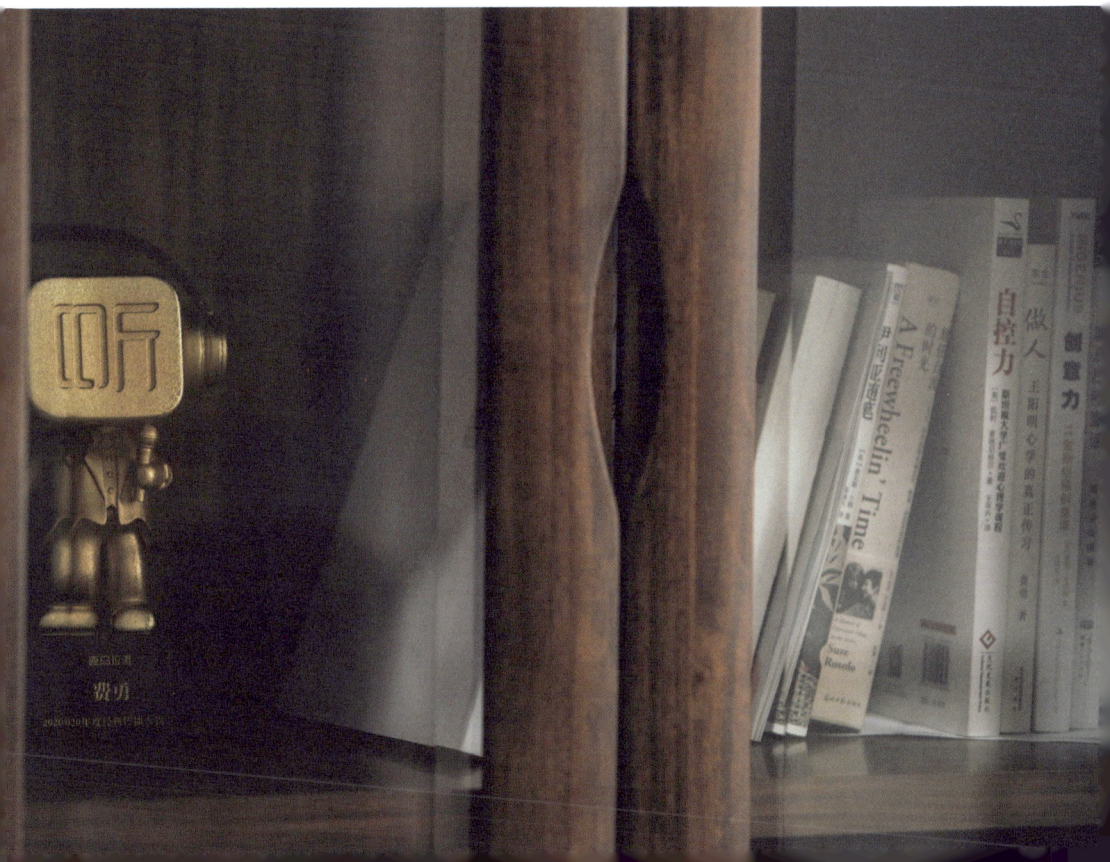

师，其实很大程度上是缅怀孔子、柏拉图那个时代。那时候的老师相当于我们现在讲的人生导师，但是他不单单是跟你讲道理的——他本人的言行是一致的，他的生活方式就已经是一种示范。比如孔子的学生，从孔子身上学到的不单单是知识，更主要的是思维方法和做人的一些东西。我们现在大部分老师已经不是最本源意义上的老师了，现代的教师很大程度上只是一个单纯的职业。我意识到自己最本质的角色是老师，实际上是想成为能够影响学生如何做人、如何生活的那类老师，这是我一生最重要的追求。

人生那颗"红色药丸"

Ⓛ 我对你最深刻的一个认知是从我认识你开始，你就每年都出一本书，而近几年你的写作主题从金庸、张爱玲等文学方面的研究，转向了佛学、心学相关的内容。可以回溯一下你的写作主线的变化吗？

Ⓕ 我出版的第一本书是写现代诗歌的，1994 年在台湾三民书局出版。那是一本纯学术的书，一直到前几年台湾那边还有再版，已经印刷几十次了。之后的书还是关于文学的，写金庸、张爱玲，一个原因是我自己喜欢，还有一个原因就是当时大学老师太穷了，那时有很多书商找我写金庸，并且预付了稿费，就这么简单。所以那个时候写得非常快，后来我一直想把写金庸的那本书重新修改一遍。佛学、心学方面其实不是近几年才关注，早在 1998 年的时候，我就出了几本《道德经》《心经》《坛经》的解读，只是当时没有引起注意，买这些书的人一般都是大陆的台商。一直到 2006 年以后，大陆的出版社才开始找我，跟我约稿解读佛经系列的书。

Ⓛ 你那个时候还很年轻，为什么会在这么早的时候开始写佛学类的书？

Ⓕ 我在大学时代就开始接触佛学了，不知道什么原因，就是很喜欢这些东西。在我的第一本写现代诗歌的著作里，第一个篇章就写到禅宗与现代诗，所以那颗种子在很小的时候就种下了。我这人有点怪，从小一直被一个问题折磨着：我到底应该怎样度过这一生？电影《黑客帝国》里尼奥面对墨菲斯的两颗药丸，一颗蓝色的，一颗红色的，要从中做一个选择。其实他当时已经隐隐约约感觉到这个世界出问题了，但他不知道问题出在哪儿。他可以吃了蓝色药丸继续做梦，但是如果选择红色药丸，就必须打破幻觉，还原背后的真相。

我就像莫名其妙地吃了那颗红色药丸一样，总想打破幻觉，但是大部分人不会，他们就是按部就班地生活。可能很多人看到我的人生履历，比如当了教授，会觉得多幸福啊；但是对我来说，这些东西带不来那种内在的满足感。所以我走了一条跟大多数人不一样的路。一般人觉得正常退休就很好，但是对我来说不存在退休，也不存在职业的限制。实际上我想解决我自己的问题，这个问题不解决，我会很难受，可能一直到死都想解决这个东西。

Ⓛ 看你的写作轨迹，除了佛经，你还解读了陶渊明、王阳明，以及明代袁黄的《了凡四训》。是不是在你人生的每一个阶段，如果周边没有一个心灵相通的人，你就会在古人之中找一个跟你心灵相通的人做伴？

Ⓕ 也可以这么说，但是我写的时候这些古人一定都是为我所用。我可以借着他们的东西来表达我内心的东西，所以至少他们身上的某一个东西是跟我相通的，或者他们给我提供了一个表达自己东西的契机，这样的古人我都会很喜欢。接下来我还要写苏东坡。

、创新与应用项目

女红仓

Ⓛ 如果让你选5个对你影响比较大的人物并按影响力大小排序，你会怎么排？

Ⓕ 释迦牟尼、庄子、柏拉图、陶渊明、张爱玲。释迦牟尼帮助我建立了整个认知体系，这个体系让我找到了一个安心的处所。庄子游戏人间的态度蛮打动我的，他那种十分恢宏的格局，跳脱出来看世界的态度对我帮助很大。柏拉图给我提供了不同于东方哲学的西方思维方式，对我思维体系影响很大。陶渊明，或者也可以说六祖惠能，带给我的是禅宗方面的东西。我的整个生活态度都来自禅宗，他带领我把内心对世界法则的认知体现在生活当中，创造了一种生活中的修行，在吃饭、喝茶、睡觉当中修行。张爱玲是我最喜欢的一位作家，她给了我对现代汉语的最深感受。她对人性的理解、对爱情理智性的表达，都是我非常欣赏的。

归于"好好生活"

Ⓛ 2015年，你担任暨南大学生活研究院院长，2016年开始做生活榜，这几年来，生活方式研究是你非常重要的一项工作。实际上从更早的时候起，你就已经表现出对生活方式研究的兴趣。我看过你在1999年出版的《先兆：中国人日常生活趋势》，当时就觉得书名十分有预言性。我比较好奇的是，90年代末刚好是广东地区的人如火如荼地以赚钱为最高追求的时候，你怎么开始关注起了中国人的日常生活方式呢？

Ⓕ 因为当时整个社会风气非常浮躁，我想找一些比较有沉淀性的东西，我觉得这个东西落到实处就是生活本身。因为即使你搞了再多学术，讲了再多宏伟的东西，最后还是得回到生活，回到你自己居住的小环

境，自己家里的客厅，每天散步的地方，每天吃饭喝茶的地方。所以当时我很想研究中国人的生活状态，但是我不想说大道理，我想从日常生活当中、从衣食住行当中去观察一下。

Ⓛ 昨天，第五届生活榜主题公布。我回顾了一下这五年的主题，从"重新定义生活"到"回到生活本来的样子"，到"为了美好的中国生活"，到"用美学力量让日常生活闪闪发光"，再到"越科技越自然"。这条主题线索演进的背后，你觉得有什么样的信息呢？

Ⓕ 这些主题都围绕着一个不变的核心，就是好好生活。我们每一年都会从日常生活当中找一个重要方面作为当年的主题，例如"为了美好的中国生活"，我当时发现"90后"好像对传统有回归，在文化上的自觉意识开始出现。这个时候就出现了"国潮"的现象，但它不是简单复古，比如把中国传统的茶具拿来直接使用，现在的"国潮"是用中国元素来创造新的东西。我认为这个趋势是不可阻挡的。我们这次上榜的一家店铺是我自己在深圳发现的，它就是把中国人传统的喝茶方式变成像星巴克一样的模式。道具产品从咖啡变成了茶叶，一下子就不一样了，在审美上感觉就成了我们中国的。我觉得未来大量的商业机会来自认真挖掘中国文化的内涵与形式，把中国文化的符号变成受当代年轻人喜欢的事物，那就行了。

Ⓛ 如果每个人都遵从自己内心生活的话，人们的生活方式会非常多样化。最近，有一波社会潮流是不花钱，比如住在办公室，借用健身房等，享受不被金钱束缚的生活。

Ⓕ 我对这些自媒体上宣扬的东西不是特别感兴趣。还是一句话，别人做什么跟我没关系。真正的生活方式，我认为是只关注自己的内心，不

是今天看到别人住在办公室，我也去住办公室，这没意义。现在自媒体的发展满足了很多人观看别人生活的欲望。一个人可能自己没有这种能力，却不停地想通过看别人的生活来得到满足。这个很可怕！我是不太主张这样的，我们不要去看别人的东西。等到有一天，像这种自媒体没人看了，每个人就都成熟了。

Ⓛ 今年你好像特别忙，又是做音频课，又是做生活榜，还要写书，而且你还去了云南好多次，带着大家在徒步之中修行。从写书到音频，再到线下这些面对面的互动，在不同形式的生活中你有什么样的感悟？

Ⓕ 没什么感悟。这些都是自然而然发生的。我们讲因缘际会，更通俗的说法是缘分到了。其实也不是我刻意要这样就这样，比如今年突然就莫名其妙地要去拍节目，莫名其妙地去云南雨崩时上课。当积累到一定程度的时候，某些事情就会自然发生。禅宗里有一句话特别好：当你把种子种好以后，草木会自然生长。

05

止庵：写作是一场高级游戏，他用了18年才准备好开场

简介：止庵，传记随笔作家，周作人、张爱玲研究者，一生不写无用之字，所写之字，皆出版成书。然而在此之前，他学医五年，做医生两年，当记者五年，外企工作十一年，兜兜转转，之后才回归书斋，研究张爱玲、周作人，读书，写作。

　　和止庵交谈之前，我对他充满了好奇。对于一个藏书家的书房；对于他年少时生活的无量大人胡同，那个在八九十年代，见证过一席"文学流动盛宴"的地方；还有他如何兜兜转转，从口腔科医生、报社记者、90年代初期的外企职员，最终走上作家之路的漫长历程。

　　他的书房就在望京，一个我还挺熟悉的老小区。那里住着我的几位大学老师，每次去都觉得那里的人面目可亲，迎面走来的随便一位穿着质朴的长者都可能是大儒。止庵的书房隐于此处特别相宜。在我心目中，他不像是知名的作家，更像是一位可亲的邻家兄长，无论说到哪个话题都可以告诉你一堆相关逸事。

　　房里绝对的主角是书。四壁都是书架，上面的书一本紧挨一本，不少还带着封套。

　　粗粗浏览下来便知，书籍的摆放都经过精心规划，是按照不同主题以及相互的关联性来归置的，如果按顺序记录下来，应该就可以探知他的个人阅读和研究脉络了。

　　少年时期正值"文革"，他常与孤独作伴。旺盛的求知欲和书籍的匮乏

让他骨子里充满对文字的饥渴感。他会自嘲："我连《演员的自我修养》都看了！虽然这辈子没派上用场，还占了脑存量。"

作为有名的作家和藏书家，他对读书的态度倒是淡然，"读书也非非读不可，有好些书也是不必要读的"。若是一定要归结，"读书就是一种生活方式，让自己在人生的起起伏伏间学会自处"。

话是超然，但实际上他平时读书极为自律，在写书这件事上数十年来也是严谨有加。

他翻阅了一百多个版本的《庄子》，才写了《樗下读庄》；作为周作人的研究者，他收集了所有日文版的周作人著作；对于一本不满意的自己曾经的著作，他舍得花上三年时间重写一遍。

与之相应，他阅读过大量的小说却从不轻易提笔。"我看卡夫卡的《地洞》，看到后半段，就知道我写不出。"他说的时候眼睛低垂，似有所思，"写作这件事，若是不能再进一步，不如不写。"我听着，生了敬意。在他的字典里没有"差不多"这三个字。

受了姜文、王朔那些胡同大院故事的影响，我对止庵生活过的红星胡同充满了好奇，据说那里挨着梅兰芳故居。

然而，我并没有收获到属于那个时代的奇闻异事。止庵的父亲是诗人沙鸥，"我和父亲的性格很不同。他好客豪放，我则谨慎，凡事追求精确"。或是因为这样的性格，他虽成长于文学家庭，1977 年恢复高考时，止庵报考的是医科，第一份工作是口腔科大夫。

此后又经过十来年的其他工作，他是过了四十岁才彻底辞了职专注下来写作的。只不过在那之前的 7 年，他以一年一本书的速度，早已积累起声名，稿约不断。

他今年最新的一本书是在商务印书馆出版的《游日记》，是他过去十多年来，28 次去日本的日记合集。

他信奉加缪的"重要的不是活得最好，而是活得最多"，想要旅行，就

会在出发前做出详尽的行程规划，常常两三倍于旅行本身的时间。日本的百大温泉他去了 70 处。他喜欢古董市集，旧书店更是从不落下；喜欢的那些日本作家、导演的旧时行踪，他更会逐一走访，去求证、感受。即使这样，他仍说不够了解日本，一贯谦和得很。

这次聊天我没限制时间，谈话间他丰富渊博的知识总也取用不竭。

文学是生活的萃取、想象力的凝练，若是真正的作家，便会持之一生地积累，不辍耕耘。

"书，陪我走过了人生最灰暗的时刻"

Ⓛ 在北京胡同里长大，你对当时的生活有什么印象吗？

Ⓩ 那个年代的北京，在"文革"背景下，父母、哥哥、姐姐，家里的每个

人都自顾不暇。我几乎是一个人成长的，感觉每一天都特别长，文字成为唯一的寄托，我反复看一切能找到的书。跟邻居借来的一本《水浒传》我能看上 30 多遍，连斯坦尼斯拉夫斯基的《演员的自我修养》我都读过，因为找不到别的书。这种对文字的饥渴感一直伴随着我！在外企上班的时候，我的公文包里一边是资料，另一边放的是罗兰·巴特的书。

Ⓛ 父亲作为你的文学启蒙者，对你有什么影响？

Ⓩ 我父亲是重庆人，1948 年去了西柏坡，后来跟随解放军进了北京，在统战部工作。他是一个诗人，在一个很不浪漫的年代，有着非常浪漫的性格，这让他吃了不少亏，也惹了不少麻烦。因此，他对我的性格造成了一个完全相反的影响：一直以来，我都非常循规蹈矩，每走一步都小心谨慎。我换过很多份工作，但是，每一次换工作都会仔细规

划好下一份。

Ⓛ 为什么喜欢太宰治这类看起来跟你完全不一样的人？

Ⓩ 我喜欢跟自己不一样的人，芥川龙之介、三岛由纪夫、太宰治都是，但是虽然喜欢，却不能学，也学不会。

我在 80 年代的时候也有过一段灰暗时期，干什么事情都不成，非常绝望，想过自杀，不过也只是想想。太宰治、三岛由纪夫的自杀，什么年纪、什么时间都是计划好的。三岛自杀那天，因为早去了几分钟，他先绕着女儿学校转了几圈，时间到了才实施计划。这一般人做不到，只能向往。

Ⓛ 人生的那段灰暗时期，你是如何走过来的？

Ⓩ 1987 年，我的人生已经到了走投无路的极端，想去澳大利亚留学，但是身上一分钱没有。在香港开公司的亲戚答应借钱给我，前提是我先学会英语。于是，我花了一年时间，在家学习外语，其间不看任何中文的东西。我学了一年，能说点话了，亲戚却不提借钱的事。当时，恰巧我在外企工作的同学想要离职，就把我介绍进去了。

那是一家丹麦公司，我的工作是医疗设备推销，到了一定年龄可能就不能干了，不能作为终身职业。所以，当时我就在寻找一个没有年龄、性别、相貌限制的事，这件事就是我以前干的事情——写作。所以，在外企工作的同时，我一直在写书。离职的时候已经出了 7 本书，手上拿到的出版约稿，也足够忙几年了。

"写作是高级游戏，我用了 18 年来准备"

Ⓛ 你做过医生、记者、外企业务员，这些经历对你有什么影响？

Ⓩ 我做过的所有工作基本都是自己的短项，当时有很多噩梦一样的经历，我都把它们当成一种对自己的锻炼。

我惯用左手，但是口腔科医生用的所有设备都是方便右手的，所以我不得不锻炼使用右手。我是一个非常不爱说话的人，但是，做记者和业务员的时候，都需要跟人沟通，甚至应付很多刁钻的客户。所以，在去外企之前，我专门买了一本外贸方面的书，在书上演练洽谈业务中可能出现的问题。我准备的还没用完，生意已经谈成了。

Ⓛ 为什么在兜兜转转十几年后，才选择写作？

Ⓩ 我从小就喜欢读书和写作，并且一生只想做这一件事。但是，在那个年代，作家这条路不好走，作家的整体生活状态也不好。因为父亲的缘故，我家从小就是文人的聚集地，家里经常摆了不止一桌饭，有时候甚至摆到邻居家的院子里。

那个时候，我见识了太多被生活边缘化的作家和艺术家，他们那种失控状态，我一点也不喜欢。即使到了现在，我也不想把作家当成一个职业和生活来源。我可以写作，但是不能依赖写作为生。我当医生、记者、外企业务员，直到 1999 年，整整 18 年的时间都是一种浪费。但是，这也为我现在可以从容地过自己想过的生活提供了基础。

Ⓛ 不是职业，不是生活来源，那么写作对你来说是什么？

Ⓩ 在外企工作了 11 年，我自己没做过生意，但是见识过什么是大生意。拿出版一本书来说，码洋 20 块钱，书店拿 2 块多，出版社 1 块多，作家 1 块多；出版 5000 册，赚不了多少钱。所以写作不是生意，只能当作游戏，一种非常高级的游戏，高级到别人请你玩，还要给

你钱。

我一直认为不得不干的事情可以糊弄，但是可干可不干的事情必须认真干，否则，为什么要干？写作是游戏，是可干可不干的，所以，必须认真做好。

Ⓛ 你说要把想做的事情都做完，这些事情是什么？

Ⓩ 第一，以前做过但是没有做好的事情。2000 年，我写过一本《画廊故事》，在我的书里算是卖得最好的，也是当时稿费拿得最多的，但是我一直觉得这本书不太对。后来，我专门去欧洲、美国、日本看展览，写了很多笔记，对于画的理解，已经远远超出当时的水平。于是，2015 年我开始重写这本书，今年终于写完了，篇幅增加了一倍，原来的内容保留不到十分之一。

第二，以前想做但是没有做成的事情。我的日记本里一直保留着一个故事，是 80 年代的时候想写的一本小说的构思，因为到外企上班搁置了。后来我翻出笔记的时候，整整 25 年过去了，现在我想把这个故事写完。把这两件事情做完了，我的人生想做的事情就都做完了。

"庄子的人生观，卡夫卡的世界观"

Ⓛ 你读过很多书，也写过不少传记随笔，哪些人对你的人生有真正意义上的推动？

Ⓩ 第一个是庄子，他对我人生观的形成有巨大影响。我读《庄子》的时候，处在人生最困顿的阶段，非常愤世嫉俗。当时，我 4 个月没去上班，在家从头到尾读了一遍《庄子》，读完之后的感觉就跟受了洗礼一样，看待自己和世界的观点都不一样了，很多以前放不下的事情都可

以放下了。第二个是卡夫卡，他对我影响最大的一部作品是《地洞》，我的世界观基本来源于此。

Ⓛ 作为一个藏书家，可以推荐几本对你影响比较大的书吗？

Ⓩ 日本前首相田中角荣的《我的履历书》，其中有一件事对我影响非常大：他是一个非常守时的人。一次跟女人约会，对方迟到，他等了半小时，这个时间一过就不会再给对方半点机会，即使离开的时候正好瞥见女人的身影。

　　还有格拉宁的《奇特的一生》，里面的主人公柳比歇夫用特殊时间统计法规划自己的人生。他每天用正负值统计自己做过的事情，将所有无效的事情都标注为负值。这对我影响特别大，所以我特别担心负值。

PART II

艺术家：注定与孤独相伴

06

孟禄丁：从理性构建到表现抽象，在当代艺术的每个拐角毅然跳跃

简介：孟禄丁，当代艺术家，"85 新潮"代表人物。二十岁出头一战成名，却快速变换风格。从理性构建到荒诞表达，从具象到抽象，从观念到形式，他不断地打破自我禁锢，在每一个历史节点留下独特姿态。

他是"文革"后恢复的第一界老央美附中、"85 美术新潮"代表画家，央美第五画室的创立者。因为天分，也因为机遇，二十岁出头他就站在了中国当代艺术的中心聚光圈下。通过抽象风格与表现主义，他释放出艺术家的激情与锐利；而一流的理性绘画与纯化语言，折射出他作为创作者的内省与沉思。

这些艺术语言在他的绘画历程中都有代表作，只是每一次创作方向的切换都决然而跳跃，让人感到意外，禁不住生出好奇。

这位老师就是我要去拜访的孟禄丁。

见到他的瞬间，所有因为经验阅历而带来的刻板预设都被冲刷得一干二净。在花家地附近小区的一楼公寓中，间续能听见园子里施工的机器声和孩子的玩耍笑声。

开门的孟老师不高、很瘦，橙色短裤上印着白菠萝图案，黑色 T 恤上珠片缀着一个虎脑袋，戴上棒球帽的他混走在央美的学生里绝难分辨。

厅里的中央是硕大的画案，四张中式椅子顺边摆在一侧，而另一侧是一张堆满波点枕头的双人沙发。我们就隔着一张没归置的几案聊天，中间

散落着一切想到想不到的物件：咖啡胶囊、茶叶罐、香水、威士忌、茶杯、还有太湖石、小雕塑和两块朱砂原矿。

孟老师聊起天来很不用力，但观点鲜明，显然是经历过长时间持续地思考。

"传统不会走向拧巴，传统反而要警惕走向肤浅和功利。"

"现在不能太谈大师。真正的大师是作为一个艺术家面对美术史，要改变历史、改变人们的审美和艺术方向的。"

我们聊了80年代他从央美附中到中央美院的生活，至今听来仍然充满趣味；谈起大二时因为超现实主义作品《在新时代——亚当和夏娃的启示》而在国际青年美展上一战成名，他说那是时间放大了一切。事实上，在那之后他很快放弃了理性绘画而转向了抽象表现主义的探索。

出国，回国，宋庄的自由艺术家，再到返回央美任教，一晃又是三十年。

回答某个问题时，孟老师忽然添了半句，"做艺术很难"。这是我不止一次从艺术家嘴里听到的话，哪怕他们早已成名。若说要探寻什么缘由，那就是选择了艺术作为人生前行的唯一主题，并把个人的精神体验作为作品的源头。

为了将创作保持在独立和自由的状态下，很多艺术家不得不与生活的常规保有距离。在群体属性强烈的中国社会中，这需要经历长期的不被理解，借用孟老师的一句话，也可说是"要经历长期的磨合"。

我一直认为客观与平和是阅历和理性加持的结果，而孟老师告诉我，那是在自由状态下面对内心就会获得的自然产物。

艺术家的人生就是艺术与社会关系的实证。时代不同，艺术家的语言也不同。十年前的"元速"系列，现在的"朱砂"系列，他回国后的创作在西方抽象主义形式之下体现了东方式的思考。通过阻断手与画布的关系而获得一种自由归零的状态，或是选择朱砂这种有文化神秘性的材质，都

能察觉出这种意味。

"艺术家存在于这个社会，就是要给人提供一种状态——自由的、无拘无束的状态，包括生活都是这样。"

了却浮名，了却功利，只用不断地探索去践行一生的命题。

孟禄丁的 80 年代

Ⓛ 您 1979 年就上央美附中了，1983 年进入央美油画系，毕业后又留校任教，有过那一代人最完整的见证，能分享下您眼中的那段过往吗？

Ⓜ 那个年代，跟大家想象中的可能不太一样。数理化这些基础学科没那么被看重，反而是画画、音乐这类技能型学科更受欢迎。很多家长都送孩子去学画画，学小提琴。当时我母亲很支持我学画画，我自己也喜欢，所以学得很认真。

1979 年，我考入了中央美院附中，那是"文革"后恢复招生的第一届，总共招了将近四十人，全部住校，管理非常严格。晚上有老师催着熄灯睡觉，早上天不亮就要被哨声叫醒，睡眼蒙眬地做早操。白天，上午是文化课，下午是画画课。在这种近于封闭式的学习环境中，我们练就了绘画的"童子功"。

当时的附中被称为美术界的"黄埔军校"，几乎包揽了中央美院的大部分录取名额。1983 年，我升入中央美院油画系的时候，8 个学生里面 5 个都是我们附中的。那时候美院最初的素描课还是重复附中时的训练，所以在我的记忆中，大学的前两年是平淡乏味的。

Ⓛ 但是在这两年的最后，您创作了那幅后来被大家反复提及的作品——《在新时代——亚当和夏娃的启示》。当时您还是大二的

学生，年少成名的感觉如何？

Ⓜ 真的没什么感觉！我们当时想法很简单，就是想画一幅不同于当时流行的现实主义作品参加国际青年美展。当时这幅作品争议很大，因为画面中出现了两个裸体，很多比较保守的评委就不希望这个作品参展，因为当时中国美术馆没有展览过裸体，但是很多专业的评委都希望这个作品参展，而且还给了一个奖。当时的新闻媒体报道也很多。

我们创作这幅作品时用了超现实主义的方法，因为当时大部分作品都是"伤痕"创作，比如表现"文革"的作品，都是现实主义作品。我们在附中的时候，接触了很多西方哲学和美学的东西，我们希望我们的作品在表现风格上有所突破，不是现实主义，而是超现实主义。我们不是要表现一个情节，而是表现一种哲学的思考和观念。现在回过头看这幅作品的意义，它正好扣住了当时的时代气息。

Ⓛ 这幅作品被评论家认为是"85 美术新潮"中的代表性作品。作为亲历者，如今回看，您会如何描述那场精英引领下的艺术运动及其后续影响？

Ⓜ 时间很容易把一个东西放大，变为传奇。但是对于当时经历的人而言，其实不会想到今后有多大影响。那个时候我们都在学校，参与的人都是学生和年轻教师，做的事情也都是自己特别想做的，所以其实就是一种真实的状态，正是这种真实的激情跟社会碰撞出了该有的火花。

后来的评论家关于那段时期有很多理论方面的阐释，我觉得都是把别的东西加进来了，而当时的人只是凭着直觉在做事，并不是出自一定的理性设计，所以后来我也没有利用"85 美术新潮"张扬什么东西。我一直强调人生最重要的是过程，而不是结果，走过了就走过了，那只是一段历史。

当然，客观地讲，"85 美术新潮"确实为艺术界、文化界带来很多影响，我觉得最重要的是沉淀下来一些人。这批人从"文革"的噩梦中醒来以后，一定有很多思考。他们需要通过这样一个单纯的、有情怀的平台把他们的思考释放出来，这才是最重要的。

求"变"的艺术家

Ⓛ 一战成名之后，您很快就放弃了已经被认可的理性绘画创作风格，这个过程中有什么转折的瞬间吗？

Ⓜ 从小在美院附中，每天接触的都是现实主义的训练方法，上了美院以后，我觉得这个东西到头了，需要改变、突破一下。那时候美术界也开始出现一股松动的趋势，渴望挣脱束缚、追求人性和艺术本体的新思潮已经开始显露。

1985 年暑假过后开学，美院成立了第四画室，我们二画室这班学生自动转到四画室，由林岗、葛鹏仁及当时油画系主任闻立鹏先生上课，教学大纲改成了研究现代主义美学和现代派绘画，不用再死扣石膏和静物了。葛老师要求大家放开了画，可以变形、表现和抽象。

这种自由和开放的教学氛围，把我在附中四年的基本功和才情彻底激活和释放出来。1986 年我画出了《红墙》，1987 年毕业创作画出"足球系列"。我的艺术从刻画别人生活转为表现个人体验，艺术语言成为独立和自由的主体。

Ⓛ 梳理您的艺术创作经历，从理性构建到荒诞表达，从具象到抽象，从观念到形式，阶段的跃进非常清晰，贯穿其中引领您去选择和转向的思考脉络是什么？

Ⓜ 艺术最重要的地方是你要敢打破东西，但是有很多人形成自己的风格后就不愿意去改变。对我来说，不改变就没有什么新的动力了，我必须去改变。艺术家存在于这个社会就是要给人提供一种状态。你做的是自由的、无拘无束的视觉的东西，包括生活都是这样。

中国艺术有太多群体性、社会性的东西，对于个人的独立性思考太少。抽象艺术更多的是关注个人、关注内心的东西，所以我觉得这种东西是中国艺术最欠缺的、需要补充的一个领域。

Ⓛ 但有些时候的转型，未必一下子就会被大家认可。这种时候，您内心会纠结吗？

Ⓜ 每一种改变都是在偶发的状态下发生的，就像你突然之间遇到一个人，开始的时候并不知道适不适合，需要一个磨合期，艺术也有一个磨合期，有一个调整的过程。很多东西开始的时候都是不成熟的，所以你

在找到那个点以后，要不断强化它，把它衍化成一种更有艺术张力、更有内涵的东西。如果你自己都不自信，那就很难往前走。

至于作品在市场上受不受欢迎，我不太在意这些东西。很多人替我觉得可惜，说你怎么不停下来，不在某种风格上多画一些。我觉得没有必要。我画画是为了自己开心，选择什么方向、在艺术发展中扮演什么角色，我心里都很清楚。

不会说"我不再变了"

Ⓛ 从 90 年代一直到 2006 年，您在欧美生活了十几年，近距离了解和感受西方的艺术文化潮流，与思想启蒙阶段所接受到的冲击相互印证，您的体会如何？

Ⓜ 当代艺术发源于西方。在那边的生活体验我觉得特别重要，因为不是

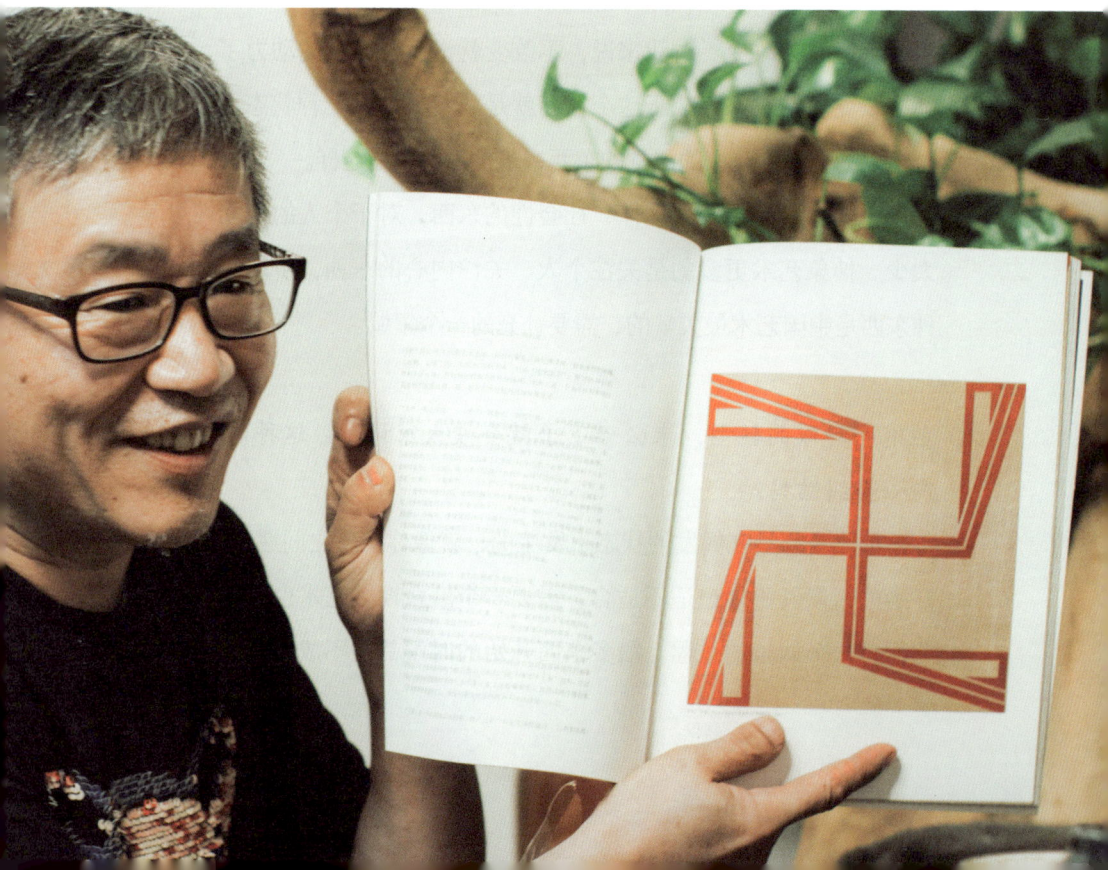

去博物馆看一些表面的东西，更重要的是了解西方人是怎么生活、怎么认识社会、认识人的价值的。这些只有长期生活在那里才能体验到。这样才能跟你的艺术融合在一起，而不是在博物馆看一些表面的作品。

Ⓛ 您再回到北京已经是北京奥运会的前两年，正是北京乃至中国发生最剧烈变化的时期，也是中国当代艺术快速升温的阶段。您当时的感受与观察是怎样的？

Ⓜ 我 1990 年出国，先在德国待了半年，然后又去了美国，但是那时候差不多每年都回来一两个月，跟国内艺术界的联系从来没有断过，所以 2006 年从美国真正回来生活和进行艺术创作时，我没有觉得有非常大的变化。

回国以后，我先到了宋庄，在那里做自由艺术家。后来央美有一些老先生和领导想做一个研究纯抽象主义的画室，就叫我回去了。出

于情怀，也为了中国美术教育事业不要再走偏，我想把最后的余热发挥一下。

Ⓛ 艺考热已经持续十年，关注艺术的年轻人也越来越多，但是也有不少人对此持批判的观点，认为艺术家只适合极少数人，现在全都乌泱乌泱去搞艺术，初衷已经不在了。您也有不少关于艺术教育反思的观点，对那些正投身于艺术创作的年轻人，您会给他们怎样的建议？

Ⓜ 首先，关于适不适合艺术这个问题，我一般不会告诉一个人你不适合艺术，因为这存在很多可能性，除了天赋以外，关键还在于一个人的生活经历和悟性，比如你的思想在长达几十年的创作时间里，能不能适应周围的变化。你现在的画很好，按美院标准，你是画得最好的，那可能只是因为学了一点技术；如果你固守在那里，也不会成功。所以我教学生，不会教他们技术，我教的是想法和生活状态。如果一个人的想法和生活状态是艺术的，就算现在不画，早晚都会画的。

Ⓛ 您觉得什么样的想法和生活状态是适合艺术的？

Ⓜ 我觉得艺术即生活。如果你的生活状态是很保守、按部就班、循序渐进的那种感觉，那你画画也会缩手缩脚。你可能会天天关注别人的想法，听从别人的安排。所以我说的生活状态不是那种你要有特别激荡的体验经历，而是你要真正从内里不同流合污，而是特立独行、独立思考的！这是在年轻的时候就应该打下的基础，这样你才能往前走，才能走得远。

Ⓛ 您最新的作品"朱砂"系列，画面表现上越来越趋近纯粹淡然，但更强调内生的力量，这与您现在的艺术思考状态有怎样的相关性？

Ⓜ "元速"是机械绘画，抛弃人的手工痕迹和情感因素；"朱砂"系列重新又回到了手工创作。在"元速"以前，我从写实主义、超现实主义、表现主义、综合材料、抽象主义一路走来，从中找寻新的语言表现的可能性。使用机器创作"元速"以后，之前的那些创作方式全部清除了。到"朱砂"这个阶段，我更强调精神性，是对不可知领域和更宏观的世界的思考。

我开始用国画的朱砂颜料画一些"朱砂"作品，很多人说可以辟邪。我一个朋友的孩子，不知什么原因就是不肯进他妈妈的屋子，坚持说里面有大魔鬼。我知道了以后，给他送了一幅《朱砂》挂在那间屋子里，第二天孩子就进去了，还说大魔鬼排着队走了。我相信有人是能看到另一个神秘空间的。大人跟我讲这些，我都当是听故事，但是小孩讲的我觉得很真实。

Ⓛ 您的创作一旦到了"朱砂"这个系列，就不会再重复以前的系列了吧？

Ⓜ 我只要活着，就不会说"我不再变了"，何必把自己的路封上？没准过几年，我又重新画回写实主义了。因为你们都认为我是画抽象主义的，那我到 80 岁了又画写实主义，我功底还在，我要颠覆你们的想法。

07

沈敬东的"大同世界"——化时代记忆为糖果色浪漫

简介：沈敬东，当代艺术家。18 年文工团军旅生涯，军人精神与艺术家态度、服从与独立的反差融合，为他的作品打上风格鲜明的印记。在他笔下，无论是时代伟人，还是普罗大众，都变成色彩鲜艳、面带微笑的"糖人"，督促人们正视生活、生命和社会问题。

三个月前，我去拜访沈敬东老师。在燕郊某处产业园的一角，依着门牌号穿过整片规整的砖红楼群，我寻到他的工作室。门口的军绿色吉普车和红色雕塑在巨大空旷的工业园区里像两个跳脱的音符。

红 T 恤，彩袜，温和可掬的神情，虽然第一次见面，但丝毫不觉陌生，因为这些是我在他的作品中不止一次读到的元素。从"士兵系列""大家族系列""国际玩笑系列""包扎系列"，再到"圣诞惊喜系列""小王子系列"，他是当代艺术家中持续活跃又多产的一位。

一进他的工作室，除去四壁，所见的一切都与作品或创作有关。工作室分两层，一层是他已经完成的作品，油画、版画、雕塑，最显眼的是印着红色"拆"字的"小东售货亭"，那是他的一件行为艺术作品，在 2018 年的巡回个展中成为与观众互动的装置；二层则是他进行创作的地方，偌大的空间里满是画作，同时处于创作进程中的就有七八幅。我们的谈话就在窗边的两张沙发椅上开启。

"一个人一辈子可能就在画一张画——画自己。"

他对自己有清醒的认知。在他作品中出现的人物形象众多，无论是士兵、伟人还是小王子、普通人，无一例外，都拥有圆圆的面孔、圆圆的鼻头和小黑豆一样的眼睛。整个画面颜色绚丽似糖果纸，裹着搪瓷釉般的光泽。

每一个人物都能轻易地辨出原型，但他们面向外界的情绪语言却是统一的：温和、童稚，以及隐身其后的无奈。这是属于他的——沈敬东式的图示语言。

自小性格内向，不爱说话，被坏孩子欺负，画画成为他面向外界的出口；南京艺术学院毕业后在部队文工团一待十八年，还是画画，成为他向往自由的出口。近四十岁来到北京，如有神助，未多筹划便被各方青睐，展览不绝，一路被推至知名艺术家的位置。

难得的是，名利骤来并未令他的生活改变太多。看展，筹展，除此之外的时间他基本上都在工作室里过着朝九晚五的创作生活。高度的自律和专注是军人生涯在他身上留下的印记。

浏览他挂在墙上的作品，有一个人物形象很是突出，引起了我的兴趣：一个胡子卷翘、满身肌肉的光头囚犯。沈老师告诉我，那是查尔斯·萨尔瓦多，被称为"英国最危险的犯罪分子"。家世优渥却从青年时期开始极度叛逆，直到1974年，出于无聊，偷窃26英镑而入狱。

之后的四十多年里，他大罪不犯、小罪不断，成功让自己一直处于坐牢的状态，前后待过120座监狱。而这位危险囚犯生活的另一面则是画画、写作、健身、做慈善，甚至在2002年出版了畅销书《孤独健身》，成为英国家喻户晓的人物。他原名迈克尔·彼得森，现在名字里的萨尔瓦多是为了致敬绘画大师达利——"为艺术而重生，为和平而存在"是他的名言。

"坐牢只是他逃避生活的方式。"沈老师说，选择这样的创作原型是因为他能感受到某种艺术家的共鸣，而"艺术是逃避生活的一个最好方式"。

我尝试去理解他口中的"逃避"的含义。现实中，他有看透世界继而看淡人生的超拔；精神上，他从未停止向往一个没有原罪、充满光芒的大

同世界，而他的画作成为衔接这两种不可能之间的桥梁。在他的选择中，温和可以应对一切、回应时代，成为一种消解的力量，真实地支撑着他的人生。

文工团走出的艺术家

Ⓛ 我很早就看过您的作品。2005—2007 年的时候，政治波普艺术很流行，我觉得您的作品是其中最温和的。军人的生涯和艺术家的态度，服从与独立，都包含在里面，再加上您的作品透露出的诙谐，这种巨大反差的融合跟您的经历有关吗？

Ⓢ 我父亲是美术老师，从小受他影响，我很喜欢画画。那时候我也不爱说话，学校里有一些坏学生，逮住机会就爱欺负我。我奶奶心疼我，不太想让我出门，就订了本子让我待家里画画。就这么着，我从小画画就很好。十六岁初中毕业，我考进了南京晓庄师范学院美术班。在那儿学习的三年其实很重要，我全面接触了书法、篆刻、油画、国画、雕塑……为以后进行艺术创作打下了坚实基础。

　　毕业后，我先当了三年小学老师，可是我总有点不甘心，感觉人生一下子到头了。所以后来我辞职后，考入了南京艺术学院。南艺毕业以后，我想当大学老师；但是我们毕业的时候，大学老师已经开始需要研究生学历了。然后，我又想去杂志社或报社，这样每天有自己的时间画画，后来这条路也没走通。但是恰好赶上前线文工团招人，我就报了名，后来分到文工团做舞台美术，做的事情一直跟画画有关。当兵的这段经历为我后来的创作提供了跟别的艺术家不一样的素材。这个身份，带给了我很多思考。

Ⓛ 你在部队文工团待了 18 年，这其实是蛮长的一段时间，其间生

活状态、心理状态有过什么变化吗？

Ⓢ 我不太适应部队生活。说实话，在部队这十几年，我自己是非常压抑的。我喜欢自由的东西！所以一般的时候，我躲起来，你们搞你们的，我整天就想搞艺术、想画画，跟艺术无关的事情我不感兴趣。

Ⓛ 很多人应该只在电影里见过文工团，比如《芳华》里。您能跟我们讲讲文工团实际上是什么样吗？能够保证自由创作的时间吗？

Ⓢ 《芳华》讲的是"文革"时期的事情，比我们要早一些。我去文工团的时候是上个世纪 90 年代，主要工作是负责舞台美术。一个任务下来了，一部大戏下来了，有时候是别人做设计，我做美工画景；有的时候我也做设计。文工团的工作性质，忙起来的时候彻夜地忙，不忙的时候一年半年都没事干。闲下来的时候，我就跟南京的一些老师、同学一起做展览。1999 年的时候，适逢世纪末，我策划了一个展览——《百人百年百家姓》，我自己做好框子，寄给了全国各地一百位艺术家，邀请他们以自己的姓氏做作品。这个展览当时影响还挺大的。

Ⓛ 您说过，2004 年来到北京，当年就开始卖作品了，之前几乎没有卖过。能带我们回忆一下来北京后第一件作品卖出的经历吗？这是一件怎样的作品？购买者又是一位怎样的藏家？

Ⓢ 2004 年的时候，我年近 40 岁，在部队有点待不下去了，感觉再不挣扎一下，一辈子可能就过去了。当时正赶上红门画廊的访问艺术家项目在招募外地艺术家来北京工作，我就申请了，没想到第一个通过了。当时被安排在费家村的布朗空间，这个契机对我非常重要。布朗空间的老板是一个老外，澳大利亚人，算是我的贵人，我个人的生命转折点就是在那个时候。后来我看着艺术市场一点点好起来，身边的人开始卖画。我的第一幅画是被一位大使馆的女士买走的，她在艺术市场

里踱步经过我的画室，转过身的时候一眼相中了我的一幅画，很痛快就买下了。后来画室也陆续开始有人过来。那个时候都是藏家、画廊主动找艺术家。

来北京大约两年的时间，我攒了一批画，有南京带过来的，也有后来画的，风格基本成熟了。千年时间画廊的负责人张思永先生刚好要在"798文创园"办展。他看到了我的画，说我给你办个展览。就这么巧！我后来在北京的命运都是别人来找我，所有的事情都是别人找上门的。2006—2007年艺术市场特别火，几乎所有画拿到画廊很快就能卖掉，而且价格超出预期很多。那时候包括3818库在内的很多画廊都来找我办展览，后来又陆续到香港、纽约办展览。

Ⓛ 您的作品虽然是油画，但是画的本身很有陶瓷的那种膨胀感。您是什么时候找到这样一种表现方法的？我也看过蛮多的衍生品，

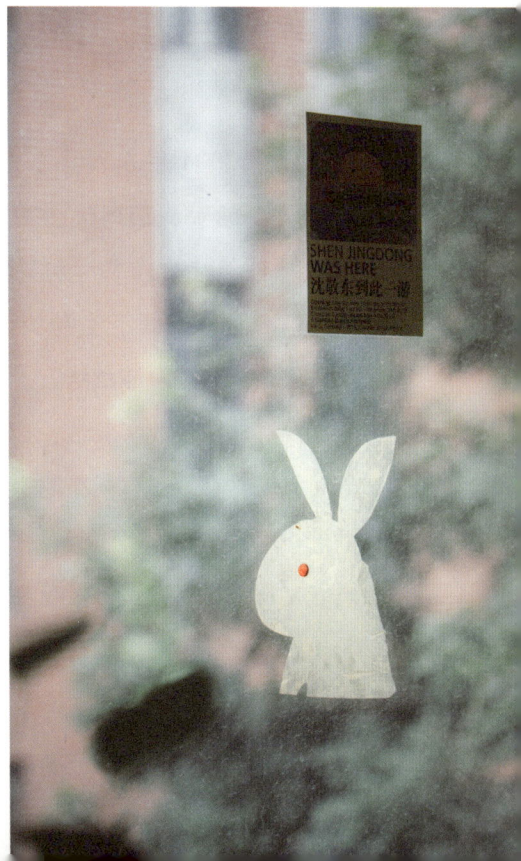

一些小雕塑之类的。您当时有过什么样的考虑？

Ⓢ 大概 2002—2003 年的时候，我开始做一些小雕塑。在烧成陶瓷的过程中，我觉得那种感觉很有趣，后来尝试应用到画作里。我的作品画出来以后就比较适合做衍生品。很多人找过我，我自己也做过一些，只要能想到的都做了一遍，比如抱枕、床单、枕套、手机壳、茶杯、毛巾……我每年都要做一些，也跟别人合作。

以艺术"逃避"生活

Ⓛ 我曾经在侨福芳草地看过您《开国大典》那幅作品。这幅作品的特别之处在于其中的人物是开国元勋，而背景又是一个国人极其熟悉的场景，对每个人物的刻画都很准确。您对人物的表情作解读时，是仅从视觉捕捉，还是研究了很多资料？

Ⓢ 我小时候家里有一本杂志，是 50 年代的《华东画报》。50 年代新中国刚刚成立，画报上刊登了参加开国大典的所有人的照片，当时给我印象很深。后来为什么画这个东西，其实跟小时候的记忆有很大关系。2005 年，我画了一张大幅的《开国大典》，从准备资料到全部画完整整用了一年时间。那张画画完以后我正准备参加第一个画展的时候，被南京拍卖公司看中拿去拍卖，最后以 15 万元拍掉了，那是我的画第一次拍到这么高的价格。我虽然开心得要命，但其实很不舍。四年以后，成都双年展邀请我参展，点名要《开国大典》，我又重新画了一幅。那幅作品参加完成都双年展，又拿到"798"办展览，后来被黄建华先生看中，高价买下了。

Ⓛ 您的作品中有很强的时代记忆，中国人很容易自身进入去作解读。那么，西方的观众和藏家呢？他们的解读有什么不同？您也

表达过"当代艺术的裁判标准在西方"的观点，这对您在艺术选择上是否有影响？

Ⓢ 西方人的解读跟中国人差不多。有时候老外看了以后会有一些误读，但是大多数时候我画里传达的东西他们都能理解。我的画可能不太像一般的军旅作品，它很温和，是有温度的。因为我有军人情结在里面，有生活经历在里面，再加上我画的东西没有太多个人主观的东西掺杂。我实际上也是画了我们那一代人的记忆，六七十年代的军人英雄主义教育，同时代的人看了会感同身受，回忆起过去的经历。"80后""90后"的人对卡通感比较亲切，他们看了会觉得很有意思。

Ⓛ 除了开国大典，还有哪个题材是您特别想画的？

Ⓢ 我现在画得比较杂。你看我一开始是画军人题材，后来又画了包扎系列，然后是小王子系列、动物系列。今年我画了一幅《英国犯人》，灵感来自英国最彪悍的犯人查尔斯·萨尔瓦多的故事。他在年轻的时候因为持枪抢了邮局 26 英镑，被判了 7 年。从那以后，他就在犯罪道路上越走越远，不是在监狱里无端殴打狱卒、狱友，就是在放出来以后毫无理由地揍人。不断加刑的结果，就是在监狱里待了 40 年，一共换了 120 多所监狱。他在每一所监狱里都热衷于健身，后来还出了一本叫《孤独健身》的书。他还喜欢画画，靠卖画、写书获得了不少版税收入，最后通过家人将这些收入全部捐给了慈善机构。他身上体现了一种很典型的艺术家的东西——要找个东西逃避生活，我觉得 90% 的艺术家都是这样的，实际上就是以艺术创作为借口逃避生活，包括我也是的——我就是逃避生活，就喜欢自己待在工作室里画画。艺术是逃避生活的一个最好的方式。

Ⓛ 2020 年，您创作的新系列是《重画百家姓》。这个系列很有渊源，

在 20 年前，您曾经以《百家姓》为题邀请百位艺术家创作过系列作品。是怎样的情形和瞬间让您决定重新延续这个题材？

Ⓢ 1995—2000 年，我在南京以《百家姓》为主题做过系列作品，有装置、有图片、有综合材料、有油画。通过这个主题，我想对历史文化进行反思，追问人从哪里来、到哪里去。1999 年，我策划《百年百人百家姓》时，邀请全国一百位知名艺术家，用自己的姓氏做作品，并于那一年的 12 月 31 日在南京师范大学美术馆展出。时隔 20 年，今年疫情期间，我用新的创作风格重画《百家姓》，也具有特殊的意义。在微信时代，我把作品发到相同姓氏的朋友微信里，这种互动显得特别有意义。现在我表达的东西比以前更加轻松一些，就是把一个沉重的话题变得轻松了，这跟我现在的心境很像，很多事情都看淡了。人生，是一场悲剧，同时也可以是一场喜剧，包括历史上的很多事情其实原本可能就是一场闹剧。

Ⓛ 您是会在创作上给自己做鲜明规划的人吗？比如事先规划好这两年的创作主题，到了下一个阶段就要发生转变。如果用最简单的线条来勾勒您的人生经历和心路起伏，您会怎样来描绘？

Ⓢ 我会有一个大致的规划，同时也在不断地变，不断地寻找一些新的兴趣点，但是都是一些比较线性的变化，不是跳跃性的。我对生活方面的东西要求不高，温饱能解决就行；但是在艺术方面，我对自己一直都有期待，要一点点往上走，越来越高。我觉得自己在创作上永远都是在爬山的过程中，永远都在山腰上，也许有一天能到达顶峰。

沈敬东的艺术王国

Ⓛ 我记得之前有一段时间，《芭莎艺术》开始报道当代艺术家。很多艺术家突然开始被这种时尚杂志报道，开始按照时尚杂志的风格去拍片子。那是离名利场最近的阶段，那时候您是什么状态？

Ⓢ 苏芒跟我买过画，章子怡也是她介绍来的，当然我没有走那种风格的艺术路线，感觉特别像是包装出来的明星。当时突然被放到那个环境下，偶尔也会参与一些名利场的酒会，短暂享受一下虚荣心的满足，但是那个不是常态。我希望自己能一直处在一个比较舒服的状态。我对自己的认识还是很清楚的。不论什么时候，其他都是浮云，你的作品好坏才是最重要的，别人喜欢你也是因为你的作品。

Ⓛ 南京、北京，您生活过的这两座城市都拥有丰厚的历史积淀。这两座城市对您来说分别意味着什么？对您的人生经历产生了怎样的影响？

Ⓢ 北京有无限的可能性，它让你总处在肾上腺素升高的状态。我有一位南京的画家朋友，曾经想在北京留下来，待了两年回去了。他说这里

哪是画画就行啊，全是要拼命的，就像处在一个战场，你必须拼搏，一刻都不能松懈。南京完全是另一种生活状态，它总是能让你体会到很悠闲的文人情怀，什么都是不紧不慢的，所以南京出作家，出国画师。我以前在南京的时候，正是年轻气盛的年纪，倒也没觉出多好。后来全国跑了一遍，国外也走了一走，才发觉南京的好，六朝古都余韵犹在，文化氛围很好，生活也很舒服很安逸。但是我现在还是更想留在北京，因为它是一个能让人实现大跨越的地方。

Ⓛ 目前来讲，您在时间分配上，真正用于画画的时间有多少？

Ⓢ 我来北京这么多年，生活基本上就是围绕艺术相关的事情展开的，要不就是去看画展，要不就是自己办展览，没事的时候基本上都在工作室。我的生活相对规律，一般9点左右到工作室，有点像朝九晚五的上班族。但是我在工作室的时候不是全都在画画，一般是喝喝茶、看看书、玩玩手机，然后画一会儿。

Ⓛ 您曾经预想过未来十年的创作方向，"想建立一个庞大的'沈敬东图式家族'，人物串在一起编一个很有意思的故事，甚至可以搞一个主题公园"。这个设想是否还在继续？这些人物的选择会有怎样的考虑？

Ⓢ 我想把画过的人物组建成一个"沈敬东王国"，我的一个"童话世界"。我希望是一个大同的、没有战争、没有饥饿、没有罪恶、没有犯罪的世界。这是我的一种纯粹的向往，当然现实世界不可能是这样的。

08

吴笛笛：从黑色创作期到人生桃花源，女性艺术家的"突围"之路

简介：吴笛笛，当代艺术家。从表现宏大题材的《十二生肖》《十二节气》到描摹生命触感的竹子、小草、青苔、顽石……在她画笔之下，人们眼中原本最低微、最接地气的微小万物，都呈现出生生不息的生命色彩。

笛笛的生活呈现出完美的状态。

品学兼优的她像"沈佳宜"，从川美附中一路读到央美研究生，毕业后在中戏任教。先生陶磊是建筑师，与她是大学同窗。从艺术到生活，二十年来他们始终保持着伙伴式的深层交流。儿子 11 岁，一家人在顺义郊区的居所由先生陶磊亲自设计，是如出世净境般的建筑作品。

意外的是，她却说，成为老师、组织家庭、养育孩子这些完满人生的组成部分都不曾在她的预设之内，成为艺术家才是她自小笃定的追求。

刚执教的前两年，她甚至度过了一段黑色的晦暗时期，找不到创作的方向，住在工作室里醒来就画，依然破壁无门。

那是艺术家和创作者才独有的纠结。在她最为出名的"竹"系列作品中，洁净的画布上，竹子打破固有攀高的姿态，以几何形态或紧扭的面貌出现。

细致如丝的肌理刻画，几只萦绕在侧的蝇虫，让这个抽离于现实的意境切近于真实。观者跳脱于当下，被画家铺排的安静张力所吸引。

除了竹子，蒲草、青藤、绿苔、断木……她的画作主体是那些随处可见而又容易被忽视的自然细部，有野气、有静气，有时光流滞中的强韧。

这种强韧体现在笛笛身上就是打小想成为艺术家的追求与拧劲儿。怀孕生子，成为母亲，一度将她艺术家的创作身份逼入墙角。

却未想柳暗花明，激烈的冲撞带来了生命的共情，接纳了"我是谁"后，她终于找到了属于自己的艺术语言。

她说，过往的自己很抗拒所有作为女性艺术家身份的邀约；而现在，女性的视角反而成为她在艺术交流中所拥有的特质。

我自己也有相似的体验，在国外读商学院的时候，组织、领导力、营销心理，几乎所有商业研究的议题都会增加女性维度。刚开始我以为这是政治正确的体现，随着学习的深入才发现，尊重两性的差异，不以男性标准作为女性成就的标准，才是女性自由思考的开始。

在分享教育观念时，我们讨论到关于创造力的培养，笛笛给了我一个重要的启发。她认为创作由两部分构成，一部分是动手能力，而另一部分是创造力。前者可以通过学习苦练获得，而后者只能通过体验来激发。

她每年都会和先生一起带儿子去荒漠，在尽可能剔除人为痕迹的自然环境中，让孩子充分地调动感知力。

她常被人说太顺，但她没有在顺遂中麻木，一直保持艺术家的清醒，才是她的难得之处。采访完后的那天晚上，她补发给我两篇文章，说是担心聊得太散，多给我些资料。

勤奋、专注、自知……这些我在与她的交谈中感受到的点滴才是她创造人生桃花源的支撑力。

"沉默竹子"的力量

Ⓛ 第一次看到你的作品是在艺术博览会上，就是"沉默的竹子"那个系列。当时的第一观感是极其安静又极其具有张力。"竹"作为中国传统文化的重要元素，往往以坚韧不拔的形象出现，而你

笔下的竹子多数都呈几何形，甚至还是折断的状态。为什么选择竹子作为你创作的重要主题，并且以这种形式表现出来呢？

我是重庆人，小时候家门口就有一大片竹林，每天晚上我跟爸爸妈妈的交流就是在竹林里散步时的聊天，那时候爸妈更像朋友一点，我们彼此间是一种很放松的交流状态，所以我对竹林一直有一份依恋。它也许是以一种回忆的形式存在于我的画作之中，像一个梦境，又像小时候温暖的家园，那个场景能带出我当时对家的很多美好记忆。可能选择竹子作为创作主题是在我小时候就埋下的种子，后来偶然萌发了。

创作竹子主题的起因是我在自家小区看到一些拧了的竹子，也许是下雨的时候被雨水浸湿了，将断欲断，却还在生长。我捡回一些做"模特"，画了第一幅关于竹子的作品。竹子其实是一种非常能够体现中国人精神性的东西，我特别想以自己的方式来呈现这种纯粹的精神性。这个竹子断了，但是又没断，它处于一种被拧的状态，每一处裂痕都像经历了打击或被压迫后的伤痕。就像每个人在生命里，都会感受各种痛，但每一个痛点都会成为今后最强壮的地方。

竹子的精神在古代很能表现文人对抗世界的精神，放在现代就有种中产阶层的挣扎感。在那之后，我的竹系列又产生了一系列几何形状的变化。几何的形状是人创造的，是可控的，在这个变化多端、不规则的世界里，几何形状是有规律的，所以让人觉得特别安定，觉得是可控的，但也是被规训的。

我最先画了一批规则的几何形竹子，三角、圆形，以及八角、梅花等携带中国传统文化基因的形状。这个时候我在思考同样是抽象形状东西方文化的异同。每一个形状我都推敲了很久，线条的位置在哪儿能让图形的张力最大化，但到了后来，形状本身的表意性变成了一个核心，形体的隐喻可能是我思考的起点。

Ⓛ 这些扭曲，或者痛点在你身上也会发生吗？因为单从履历来看，无论是艺术创作，还是家庭方面，你给外界呈现出的都是一种近乎完美的状态。你的痛点在什么地方呢？

Ⓦ 从《十二生肖》《十二节气》到杂草、竹子、藤蔓、青苔石等，你也能看到我画作风格的转变，就是从一些宏大的主题转向展现生命细节的一些微小生物，这中间其实经历过十分黑暗痛苦的摸索过程。《十二生肖》是我的毕业创作，当时得了学院奖。但是在导师点评环节的时候，谢东明老师的一句话让我非常有触动。

他说："你的作品虽然很好，但从中还是能看到各种大师的影子，不是你自己。"当时对我冲击非常大，就好像头脑中一直构建的东西突然间崩塌了。我开始重新问自己：我不是自己，只是一个很多人的综合体，那我到底能画什么？我还能怎样？

两年之后，我甚至是非常绝望的。我天天住在画室，依赖画室，不敢离开它，我得时刻准备着不经意间灵感的到来，一醒来就画，画了各种各样的东西，但从来没有拿出来过。当时的感受是，所有的形式都被别人尝试过了，我开始怀疑我创作的意义在哪儿，我存在的意义在哪儿。实际上就是具有自己创作力的东西不知道在哪儿。

那个阶段我的画几乎都是黑色的，就像我当时的状态一样，非常黑暗。但现在回想起来那段时间其实非常重要，是一个试错的阶段，先让自己出错，才知道自己的边界在哪里。我喜欢爱默森的一句话：每一堵墙都是一扇门。确实是这样的，只要冲破它，生命就会改变。

帮我撞开这扇门的是生活角色的转变，怀孕让我意外获得一段放弃的时间。这种放弃也好，反思也好，留白也好，一下子让我感到更贴近生活了。你不再是作为艺术家考虑要怎么样，而是作为自己要怎么样，在面对压力的时候如何反应，那跟我要成为一个优秀艺术家是

GUSTAV KLINT

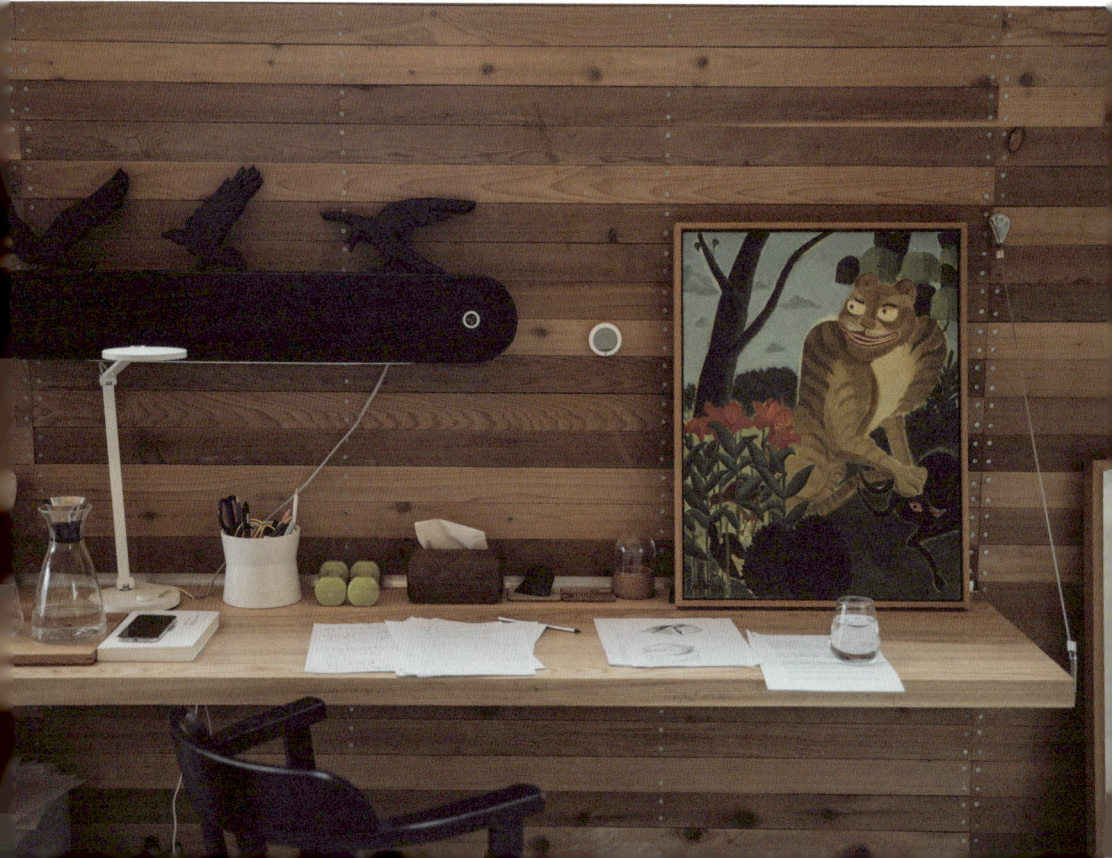

完全不一样的状态。怀孕期的敏感，也让我开始关注生命的细节。之后我开始把自己一些微小的经历、感受全部记录在一个小本子里，准备在孩子十岁的时候送给他。

这些点滴的积累都化作日后创作的生发点。生完孩子以后，我跟丈夫陶磊合作了《几何山水》，他也是个建筑师。在宣纸构建的几何形山地上，有小动物、小草，那些杂草让我有意犹未尽的感觉，我想用更多的形式表现这种微小却旺盛的生命性，于是我又创作《没有杂草》系列，从此开始，我找到了自己创作的着力点。所谓的艺术家就是找到自己创作的独特性，或者属于自己创造力的存在。有的人找得到，有的人可能穷其一生都困在别人的形式中。我觉得自己很幸运，找到了自己的点。

画家与建筑师的家

Ⓛ 你的家很美，之前也有拍摄过视频。建筑师丈夫和艺术家妻子在整个房子的装修改造过程中，会有怎样的讨论？可以分享吗？

Ⓦ 这里不但是我们的家，也是陶磊的一件作品。他给我打过一个比方：就像我的画作，我不可能让别人改变任何一道线条一样，它必须具备属于它的完整性，所以我很尊重他自己的设计意愿。我俩是美院同学，教育背景和审美都有高度的契合，我们都很喜欢一些自然的东西。因为我画竹子，当初他在设计屋子的时候，专门在我画室的玻璃墙前开辟了一小片竹林，种了一百棵竹子，让我可以时刻面对，当然现在竹子的数量已经数不清了。陶磊的建筑策展人曾经跟我说，他的建筑里最适合的就是摆我的作品，后来有不少艺术家来我家也这么说。我觉得这是我们特别默契的一个地方。

我们两唯一的争执点是关于我的画室。当时我想把画室做得更大一点，但从他作为建筑师的角度来看，画室扩大以后，院子里就没有过渡空间了。那就相当于在心理上没有了连通性，那么这个院子就会变得很突兀。最终我妥协了，我觉得专业的事情确实应该交给专业的人来办。建筑是一个整体，牵一发而动全身，可能只是因为小小的一点改动，所有的东西都会改变。

很多来过我们家的人都说这里特别干净。确实是这样！其实建筑学中非常重要的一条就是引领你进入一种更好的生活方式。当你把家变成了作品，其实你的生活方式也就成了作品的一部分。特别是疫情期间，我深切地感受到了家的重要性。我们在家里就有一个完整的世界，我可以在这里特别放松地面对自己的各种状态，对外面的公共空间几乎没有了渴求，比如我以前喜欢去咖啡馆看书，现在可以一天不出门。特别开心，这种感受完全是这个建筑给予我们的。

Ⓛ 教师节那天，我看到孟禄丁老师在朋友圈分享在你家的聚会。在家里举办沙龙是你与朋友相处交流很重要的方式吗？作为女主人，你期望家在沙龙中呈现怎样的场景？

Ⓦ 我是一个非常渴望真正交流的人，以前没有那么强烈的感受。我们搬到这里以后，邀请过很多朋友，各个领域的师友。起初我会邀请比较多的人过来，后来发现人多的时候话题都不可能深入，不容易有真正的交流。所以我现在请客一般不超过 6 个人，这样大家可以各自把平时思考的问题分享出来。这个时候你会发现，在别人身上你可以看到自己没有的那种光，或者捕捉到你一直想不清楚的东西。我觉得这种高质量的交流是我在北京最幸福的事情。

Ⓛ 对于很多艺术家来说，"艺术实践"和"家庭生活"是有冲突的。在你的艺术经历里，组成家庭以及成为母亲反而让你的艺术语言

变得更为清晰。你如何理解其中的冲突与和谐？女性艺术家是否在这道命题上更有优势？

Ⓦ 我觉得这个问题很难解答。我在生完孩子以后，这种冲突直接飙升到了顶峰。我是很小的时候就明确自己要当艺术家，不要孩子，也不想结婚，但是后来命运的展开完全在我的预设之外。就在生孩子的前一天，我还在画画，画一张两米的大画。肚子已经很沉了，我还在爬高画大画，我觉得我还可以努力让自己发挥一个艺术家的状态。结果一生完孩子，我的第一身份自然成了妈妈，其他所有的身份都要靠后。你要先去喂奶，先要抱着孩子睡觉，给他换尿片，做所有作为妈妈应该做的事情。我开始怀疑自己，几乎半年多的时间，都在为艺术家还是妈妈的身份纠结。

后来在孩子八个多月的时候，我妈非常正式地跟我说："你一定要重新开始画画。你不能因为他放弃你自己。"当时我有一套《二十四节气》的大画，就差一点没完成。我妈直接把我推出门。她在房间里帮我照顾儿子。我最初就在门外面听儿子哭，哭了好久，但是我妈就是不开门。后来我每天都被我妈推出门。不到一个月，我开始习惯了，然后慢慢回到了自己艺术家的状态里。

传递美的教育

Ⓛ 今天的教育资源越来越丰富，无论孩子将来是否以此为专业，父母都会尽可能给孩子提供艺术教育的机会。作为一位艺术家母亲，你会给孩子提供怎样的艺术学习环境？对于带着孩子去上各种艺术培训班的父母，你会给他们一些怎样的建议？

Ⓦ 我觉得美跟漂亮不一样，城市里有很多漂亮的东西，但跟美是两回事。所以每年我都会尽量带孩子去荒漠两次，让他去感受人与宇宙星空的

关系、跟大自然的关系；作为一个原始生命体，感受生命到底是什么。

这两年带他去荒原，我会让他在那里大声朗读艾略特的《荒原》。起初他是极不情愿的，后来读着读着就自发有了热情。路上看见大片的向日葵，我就和他一起读金斯堡的《向日葵苏特拉》。记得有一次，在荒原里看到一棵孤独的树，我立刻翻出了黑塞的《山毛榉树木》，那棵遗世独立、被锯倒的树就裸露着伤口倒在我们面前。他可以敏锐地感受到在一位伟大作家的笔下，怎样将细致的情感表达出来。

我现在在给学生上艺术史的课程，其实艺术史课程教的就是各种美的概念和对美的判断能力，学生学了以后是可以提升品味和扩大欣赏范围的，但是创造力的培养不是这个课程能解决的。有的人品味特别好，但是他创作的东西没有生命，没有那种冲撞力。

所以我觉得应该尽可能从这两方面培养孩子：一是品味，可以通过看更多的展览、更多美的东西来提升；二是创造力，现代人的生活中规矩越来越细，挤掉了创造力的空间，所以要去那种没有任何规矩的地方，让孩子"去程式化"，让他们去撒野、去放肆、去疯狂。只有在这个时候，他所有的东西才会被调动起来。

Ⓛ 从小学习美术，从央美本科、研究生到成为老师，你一直在美院的教育体系中成长，后来又成为一名教育工作者。教师的身份让你在自我艺术创作之余多了一重视角，你期望中国的美术教育会发生怎样的改变？在老师的身份中，你是否会给自己清晰的目标？

Ⓦ 在当老师的过程中，让我最快乐的事情无疑就是遇到特别优秀的学生，你能看到他的成长是跟你有关的。也许他的光彩你没有，但是你会觉得自己是造就他的其中一个因素。但这种学生其实是可遇不可求的，也许一两届才有一个。你面对的大多数学生，通过应试教育考上来，

也许并没有那么爱这个东西，也的确有很多学生后来转行了。从整个社会架构来看，选择艺术的人不需要那么多。我们可能是自愿去追随这个东西，但是别人未必如此。

记得有一次，居然看到学生在画画的时候睡着了，我真是感到不可思议，甚至愤怒。因为我在美院上学的时候，这种事情绝对不可能发生。当时的油画系就像皇冠上的明珠一样，我们都是带着膜拜的心态去的。但是当接触到越来越多的现实以后，我开始接受了这个世界的多样性。不是你喜欢艺术，别人就也得喜欢，别人也可以不喜欢，一辈子都不碰这个东西。所以后来我也接受了有的学生真的不喜欢艺术这件事，但是我还是会尽我所能地传递自己所爱的艺术。

09

郜笛斐：她将画廊开在繁华都市的麦田之边，往来皆京城才子大家

简介：郜笛斐，非凡仕画廊的创始人，曾为《霸王别姬》《天地英雄》《红樱桃》等多部电影独立创作视觉艺术作品。10年拍卖师生涯，与王朔、姜文合开酒吧，人生大张大合后，她将画廊开在北京东四环边的麦田旁，颇有"大隐隐于世""遗世而独立"的感觉。

北京的东四环永远车流不息，很难想象不足千米之外藏有一片麦田，麦田对开的庭院里有一间画廊，非凡仕是画廊的名字，郜笛斐是画廊的创始人，大家叫她非非姐。

都市繁华的大幕，归隐于世的麦田，当代艺术，还有常出没于此的京城才子们，这组合本身已然非凡。

"为什么会选择这么一个遗世而独立的地方，还有麦田，是刚开始时策划过的吗？"我实在很难不做这样的联想。

"并没有，原先也想找'798'，但那时他们的业主在做调整，时机不对，恰巧一个老朋友听说我要做画廊，他自己办公的院子里刚好有两个空的办公室，就给了我们。"一切看起来精妙得有些刻意，原来只是自然而然。

我认识非非姐的缘分是跟着一位传媒界的前辈去看她的展览。那天有一幕让我印象深刻：

没有平日名利场里的紧绷，一群名字耳熟能详的人物都在院子里纳凉聊天，放松得很。非非会妥帖地招呼好新来的朋友，介绍画作，介绍艺术家。

这次交谈之前，我们并没有真正意义上地聊过。她的坦诚，她的情怀，

都让我深深触动。她是"老央美"，骨子里深藏着80年代的美好。

她送给我一本书《灰色的调色板——我在美院》，里面收录了35位央美校友的回忆文章，是他们对于央美旧校址校尉胡同5号的记忆和自己在那里的青春岁月。有徐冰、刘小东、方力钧，许多都是中国当代艺术界的扛鼎之人。

非非写的那篇是《冬季校园》。她的文字充满了细节，如同连环画。比如冬天的晚上偷偷在宿舍里煮挂面吸溜着吃，出门穿着以"挂相"为美，一身的邋遢范儿。

好些老人老事读起来都让人含笑带泪。那个年代物质匮乏，相对而言，反倒是精神乐趣成为生活的主轴。

毕业后，非非没有在北师大的教职上停留太久，而是进入了荣宝斋的拍卖行，一待十年。

看的画多了练就了看画的眼力，那期间有过很多在旁人看来可望不可即的机会，帮陈凯歌的《霸王别姬》、叶大鹰的《红樱桃》做视觉艺术创作，和王朔一起扎在三里屯把画廊开成酒吧，成为文艺青年扎堆朝圣的地儿。

作为当代艺术市场"井喷"的亲历者，她的语气稀松平淡得出乎我的意料："其实那个时候我们也不知道为什么一下子艺术品价格会飙升成那样。经常有朋友拿着钱让我帮他买画，觉得这是个赚大钱的生意。但是我见过艺术品和画家太长时间无人问津的情况，知道市场起伏和经济环境不是我能操控和预知的，心态自然和初入这个行当的投资者不一样。"

她未曾刻意求取过什么，所有的才华、人脉、际遇有了便有了，散了便散了。在她身上最难得的就是那份松弛。我独独猜中答案的是，四年前创办画廊其实是她对生活状态的一种选择，自由和可控。

我很喜欢她最近刚办完的一个展览《十字坡——魏东作品展》，用纯熟的油画技法表达宋人山水画的心境。对于有生活阅历的人，出走是为了回来，无论是对人生还是艺术。

画廊外的绿荫庭院里有一座白马雕塑。马首微回，欲鸣又止。

我留了张影，写下"日当午，梦觉白马"。

校尉胡同 5 号的精神贵族

Ⓛ 您上大学的时候读的是中央美院的年画连环画专业，那个时候怎么想到学这个专业呢？

Ⓖ 爸爸和叔叔都画连环画。小时候，我经常跟在他们旁边看，耳濡目染，我的素描画得很不错，而这个专业要求最高的就是素描。中学的时候，央美的老师来我们学校代课，很多都是年画连环画专业的老师，辅导下来，我就更偏向于考这个专业了。

　　而且那个时候，还没有单独的艺术品交易市场，画画的人挣钱的方式就是在杂志、报纸上发表插图和连环画作品。父母总是希望一个女孩子能够有一技之长，能靠自己的能力养活自己。

Ⓛ 那个时候央美好像还在校尉胡同 5 号，我看过非凡仕在 2015 年的时候办的一个校友回展。那时候的校园生活是怎样的？

Ⓖ 那个时候学校人很少，只有 200 多个学生。作为央美的学生，我们都觉得特别骄傲，有种自己就是精神贵族的感觉。

　　艺术青年总喜欢标新立异的个性化穿着。我们刚入学的时候，看到高年级学姐们流行穿拖地长裙，我们也跟着穿。当时没少往学校旁边的东风市场和百货大楼跑，扯花布做长裙。冬天的时候，干脆把花布往头上一裹做头巾。还有段时间，看完电影《苔丝姑娘》，全院女生又流行画又黑又粗的眉毛。男生们特别流行穿一种大头黄皮鞋，一双就能花掉半个月的生活费。好在那时候央美学生手头都比较宽松，学校每个月有补助，家里再给点生活费，到了第二、三年的时候还能申

103

请去夜校代课。

Ⓛ 您曾为《霸王别姬》创作视觉艺术作品，那是在什么时候？

Ⓖ 大学刚毕业的时候。我住的地方离英达家很近，我妈的一个学生是英达的朋友，总拉我去他家玩。

有一天，英达说他们刚刚杀青的电影《霸王别姬》需要一张道具画，问我能不能画。因为小时候画过京剧速写，我就随手画了几张草图，陈凯歌看完后觉得很满意。这张大画当时要得很急，画和托裱只给了五天时间，当时不知道陈导最后会用在片头片尾，如果知道，我一定会画得更好一点。

Ⓛ 在艺术院校自己的感觉是精神贵族，到了社会有落差吗？

Ⓖ 毕业后我被分配到了北师大当老师。那时候，我们系要给国家电教中

心拍摄中国历史文化方面的纪录片，需要各地文物局的批文。系里领导说，小郗你去办一下吧。于是，我一个二十出头的小孩，一个人坐火车到河南、山西、山东，把那些批文一个一个地办下来。

当时人生地不熟的，到了地方，把行李寄存在火车站，就开始打听文物局在哪儿，然后坐公共汽车过去。有一次坐夜车，特别冷，我穿的裤子有点短，脚腕子冻得冰凉冰凉，只好用手在两条腿间来回捂着。不过，后来片子开拍后，我跟着拍摄组到处跑，几乎把河南、山西、山东的所有博物馆都转了一圈，也算收获不小。

国家注册拍卖师的"十年风云"

Ⓛ 在创办非凡仕之前，您曾做过 10 年的拍卖师，当时的经历是怎样的？

Ⓖ 从 1998 年到 2008 年，我在拍卖行业待了近 10 年，最早在荣宝拍卖公司，后来在匡时也做过一段不长的时间。

那时候，做拍卖不像现在分工这么明确，从业的人也没现在这么多。我在荣宝独立做过 10 个油画和雕塑专场，征集拍品、配框、编图录、排版式、盯印厂、布展、找买家全都是我一个人完成。现在的拍卖公司都是一个部门一个团队十几个人，那时候我的工作量他们都觉得不可思议。

Ⓛ 作为国内最早从事拍卖行业的一批人，您从这个行业最惨淡的时期走过来，也经历了它的井喷期，感受如何？

Ⓖ 2000 年初，我们做拍卖的时候都没什么人，尤其是当代艺术这一块，我做的最惨的一场拍卖，当天晚上碰上北京下大雪，全场一共才来了 5 个人。当代艺术的拍卖是在 2006 年火起来的。以前我们做拍卖，加上

工作人员，宴会厅都稀稀拉拉坐不满。到了 2007 年，座位都能排到门口，拍卖师的眼睛都不够用了。

那时候，很多朋友找我帮忙买画，我都没有同意。因为我经历过以前艺术市场的艰难时刻，当它突然一下子变好的时候，有点措手不及，头脑里还是 10 年前那种惨淡经营的印象。所以人家给我钱，让我帮他买画的时候，我觉得不能让人家吃亏，我担不起这个责任。

泡在三里屯的 30 岁 "叛逆期"

Ⓛ 学艺术的人似乎都比较叛逆，而您看起来一直都过得挺四平八稳的……

Ⓖ 我父母都是老师。小的时候，我们家就住在学校大院里。高中进了美术职高，大学读了央美。毕业以后前夫留校，我们继续住在央美，一直到 30 岁我都没有出过学校的大门。

1998 年的时候，有一次我路过三里屯的 88 号酒吧，看到门口的车子一直停到路口，特别好奇这里是干什么的。第一次泡酒吧，我觉得太新鲜了，从来没有来过这种地方，实在是太好玩了！后来一玩就玩了十年。所以，人对于世界的好奇、向往都是一样的，单纯只是因为没见过，必须把很多生活真正经历过以后，人才会知道什么是自己需要选择的生活方式。

Ⓛ 在三里屯开酒吧也是在那个时间吗？

Ⓖ 酒吧是 2001 年开业的，在曾经的三里屯后街，去年那片都拆了。起初我是想做画廊来着。2000 年，王朔和叶大鹰办了一个 "文化在中国" 网站，办公地点在三里屯盈科中心，叫我去兼职主持网站的美术频道。后来因为各种原因，网站没坚持下去。王朔很喜欢我们网站的访谈室，

他说，不如咱们找个地方，挂点画，大家没事也能聚聚。我们就在三里屯找了个地方。当时，艾未未刚刚在草场地盖了房子，我们都觉得他家特别酷，就请他来帮我们设计空间。未未很认真，把我们那地方拆了，重新盖了一套房子，自己还贴钱帮我们。之后姜文和萧和平也加入进来，这个小空间就这么开业了。当时艺术市场非常惨淡，我们还办过几次画展，包括陈丹青和他的几个博士生的展览，最后只卖掉一张画。

　　小店倒是经常来一些朋友，王朔也喜欢天天在那儿待着，文艺青年、作家、画家、搞影视的都喜欢往我们那儿跑。我们总得招待朋友喝一些酒水，最后，就改成酒吧了。因为王朔天天都在，大家就管我们那儿叫老王酒吧，简称"王吧"。这样玩了几年，没赚钱，倒是交了很多朋友。

归园田居的画廊主

Ⓛ 非凡仕是你真正意义上开始经营的画廊吗？

Ⓖ 我从拍卖公司出来以后，休息了一年多，正赶上 2008 年金融危机，当代艺术市场迅速滑坡。我的一些艺术家朋友委托我卖画，我看了他们的一些新作品展览，自己很喜欢，就在微博和博客上帮着推一推。市场不好，我也给他们出一些主意，提议把作品尺幅缩小，这个调整效果不错。一直到了 2012 年，市场有回暖迹象，跟我合作过的艺术家鼓励我开画廊。之前，我也帮艺术家办过展览，都是借用其他画廊的空间，长远来看，也需要一个自己的地方。

2013 年，我以独立经纪人的身份，带着 5 位艺术家参加艺术北京博览会，效果很不错，光是 VIP 夜场就卖掉了一半多作品，这也坚定了我办画廊的决心，于是，2014 年就创办了非凡仕。

Ⓛ 您和樊荣是怎么结识的？为什么取名非凡仕？

Ⓖ 樊荣是我的好朋友，我们在一起玩了很多年。她之前开过餐馆、服装公司，管理能力和执行能力都很强。我脑子灵活，擅于策划，却不喜欢管理，我俩正好互补。她也很喜欢艺术，跟我的很多艺术家朋友都认识，我打算做画廊的时候和她一商量，我们一拍即合，就开始 创办非凡仕。

非凡仕是各取我们名字的一个发音，Fee Fan's Art，所以注册公司的时候中文名字就选了"非凡仕"，并且很顺利地通过了。非凡仕从一开始就很顺，我们觉得这是天意吧。

Ⓛ 最近一期展览是魏东的十字坡，当时是什么机缘邀请到他，策展中有什么故事吗？

Ⓖ 我最早看到魏东的作品是在一个朋友家里，他那时候还在美国，没想到过了两年就回国了，在今日美术馆办了一个大型回顾展。当时我就很清楚他很适合我们画廊的风格。那时候我跟他不认识，他正在和别的画廊合作，我就没有动这个心思。但是，这个圈子就这么大，该认识的人迟早会认识。我们是在一个大厦电梯里偶遇的，彼此自我介绍后，发现已经互相知道对方很久了。几年以后，我们就顺其自然地开始合作了。

魏东的古典绘画功底非常深厚，早年临习过大量的中国古画。他的早期作品都是人物题材，荷尔蒙爆棚的那种。随着年岁渐长，人开始慢慢内敛。这批作品又回归到古典绘画中，寻找古代人文精神与当代生活的契合点。

Ⓛ 作为画廊主，您也经常看其他画廊的展览。今年您最喜欢的展览是哪一场？

Ⓖ 好几场展览我都很喜欢。印象比较深的是798北京画廊周的时候，一个非专业出身的年轻艺术家的展览。主题是围绕边陲地区的暴力的。还有一场展览也不错，是今日美术馆的《根茎》当代艺术提名展。

我比较喜欢看一些我并不了解的展览，这样可以学习到很多东西。但在现实中，我们做的展览又不能和藏家趣味脱节太远，不能要求所有的收藏者都去研究艺术史。但我觉得时代在进步，那些关照人性以及对社会问题进行质疑和追问的艺术作品还是非常有价值和力量的。

PART III

设计师：标记时代的语言

10

曹雪："冰墩墩"设计负责人创意长青的秘诀

简介：曹雪，广州美术学院视觉设计学院院长，广州全新城市形象 LOGO 设计者，北京冬奥会吉祥物"冰墩墩"的设计负责人。从颠覆性地重新诠释广州形象到火遍四海的冬奥会吉祥物，他的作品一再引起轰动效应。然而这一切并非偶然，爆红背后是他投身创意事业数十年的坚持和信仰。

最近正是冬奥吉祥物冰墩墩一再出圈火遍四海的时候。前两日看到一段视频，是自称"义墩墩"的日本记者辻冈义堂与冰墩墩的设计负责人曹雪老师的线上对话。日本演播室的主持人问辻冈记者："曹雪教授在中国是很有名的人吗？"辻冈回答说："他是在中国很有名的老师。"

实际上，在国内，曹老师作品的知名度一向都比他本人高很多。四年前，广州城市形象 LOGO 一公布，也是轰动设计界，所有人的评价都是：眼前一亮，看到了新的气象。四年后，这样的轰动再次上演。只是这一次，作品的影响力已不只是引发对一座城市愿景的想象，而是一个国家勠力发展四十年后，面向世界发声的精神气象。

曹老师曾提起过一个冬奥会吉祥物的评选环节，由 240 位小学生对最后入选的几个方案投票，"冰墩墩"被高票选中。我还记得当时他眼弯里的笑意，那种作品被孩子选中后的由衷喜悦。"Stay Young"应该就是他创作长青的秘诀。对于这几年接二连三的作品爆红，已届退休之龄的他自嘲是"夕阳红"。

在江南大学和广州美院的设计学院执教 30 年，又在省广（广东省广告集团股份有限公司）任创意总监 7 年，学生无数，作品众多，丰厚的积淀足以让他对眼前的走红淡然处之，甚至怀有一份警惕。

出生在南京的书香世家，从小习画，让他有机会结识一生的恩师——陈丹青。师从陈丹青的夫人黄素宁老师，让他有机会就近得到陈丹青的指教。对此，曹雪说这是"福上加福"。

后来考大学时，报考设计专业而不是绘画，也是因为陈丹青的一句话。除去艺术创作本身的理念，陈丹青对他影响最深的是为人处世之独立思辨的态度。这份保持独立思考、不从众的态度，伴随了他从学界到商界再回归学界的整个历程。

他说自己在生活中并不是一个胆大的人，但在专业设计上却"比谁都要胆大"。对专业本身的信仰，让他永远坚持：设计第一、设计师第二。如果没有突破自己的设计，不如不做。无论是广州城市 LOGO "小蛮腰"，还是冬奥会吉祥物 "冰墩墩"，都会让人看后心底冒出一个声音："原来还可以这样。"观念震撼所带来的影响力早已超越平面视觉本身，这才是设计的力量吧。

人到中年，难免因世事磨折而面浮沧桑，心有困惑。这次相谈最大的收获就是在曹雪老师身上读到 "进退有度" 四字。

他有锋利的一面，对于治学极其严谨，学生给他的绰号是 "曹一刀"；也有淡泊的一面，骤得大名却不为名所累，坚持创作者该有的克己；他还有柔软的一面，面对朋友亲人，他从不吝于坦陈心性。

能做到如此并非易事，探其缘由，除去像陈丹青这样的老师的教导，更因为他懂得在生活中厚积薄发。

写专栏、作画、听黑胶，他有着足够丰满的精神世界来支撑他对现实世界的思考。如同是自己营造的一扇任意门，推开便是满眼锦绣，一地阳光。

从无锡到广州

Ⓛ 您的父亲是作家，母亲是老师，表弟是画家，您画画也是受了家族文艺气息的熏陶吗？

Ⓒ 我从小就对画画有着浓厚的兴趣，曾经先后跟随几位老师学画，其中对我影响最大的当数陈丹青老师。上世纪 70 年代，我先是师从后来成为陈丹青夫人的黄素宁老师。我会把课余时间画的画不定期拿去请黄老师指点。直至多年以后，在黄老师引荐下，福上加福，才得以近距离接触陈丹青老师。

现在我还时常想起，在央美研究生宿舍里，陈丹青老师以一种从不就事论事的教育方式和态度与我交流，让我在绘画方面少走了不少弯路。他不会像其他老师那样亲手帮我改画，认为那是"治标不治本"，而是直言学画最有效的途径是从画中（临摹）得法。

Ⓛ 您画画、写文章，甚至来广州，很多选择都有力量在背后推动，似乎在人生的特定阶段总会有伯乐及时出现？

Ⓒ 在江南大学设计学院任职期间，我主管教学工作。有一年，我们到南方考察一些用人单位对毕业生的评价，其中一站去了省广。当时，一位领导问我能不能给员工做一次讲座，我信口答应下来，也没做什么准备，面对几百人一讲讲了3个多小时。他们都听得意犹未尽，纷纷提议把我挖到广州来。

　　当时，我和两位好友已经成立了一个设计工作室，开始承接一些社会上的项目，但是我们都期待更为彻底地进入一线"摸爬滚打"地锻炼，省广的"邀约"无疑就是那恰逢其时的机会。后来，我重返教育岗位，省广那七年的经验也被归纳整理，回馈到了教学工作上。

Ⓛ 从无锡到广州，从省广到广美，场景、身份不断变换，其中有让您感到不适应的时刻吗？

Ⓒ 在无锡的时候，我30岁出头就被提拔为副院长，人生可谓顺遂。然而，到省广的第一天就受到了"狼文化"的洗礼，自此，磨难、挑战一股脑儿地冒头，我也有过几近崩溃的时刻，但是从来没想过回头，那不是我的性格。人的一生都要面临着众多选择，我觉得选择本身并不难，难就难在选择之后自己要做的一切。对我而言，选择就是一种承诺，一旦做下决定，就得用实际行动去履行，哪怕再难，硬着头皮也要上。

　　那个时候，省广流行"上山封闭创作"，美其名曰"头脑风暴"。我印象最深的一次是我们服务于顺德的某个家电品牌，白天的时候非常不顺利，送上去的各种方案全都被否决了。面对客户和同事们的质

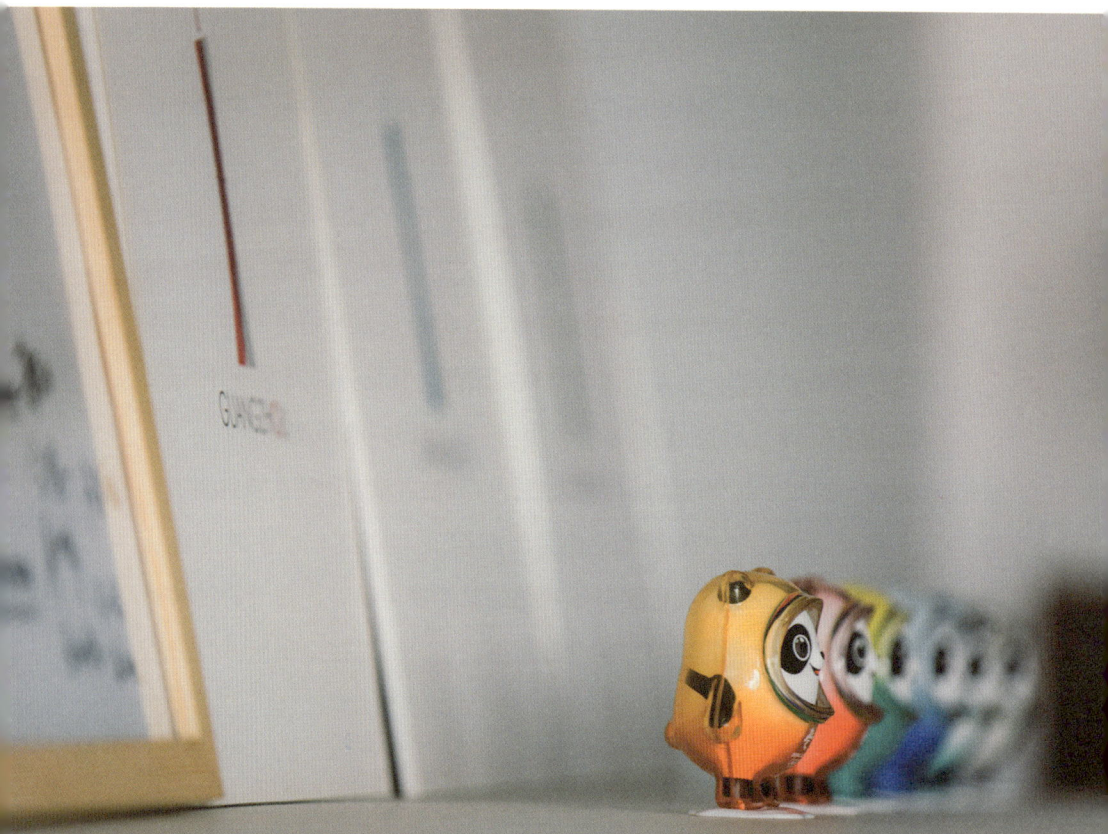

疑，我感觉自己一下子被卡住了。那天晚上，在其他人都睡着的时候，我还一个人待在一楼的大厅里，透过大门上打开的小小的邮报窗口，望着漆黑的远方，痛苦地自问："我真的那么差吗？真的那么无能吗？"

但是，当这些问题划过喉咙的时候，我立刻有了答案：如果我真的是一个专业上那么差的人，又怎么会30岁出头就当上二级学院的副院长？如果我真的是那么无能的人，又怎么会被国外的院校选中去做访问学者？

忽然间，我又想到了高三的时候，陈丹青老师从美国寄回来的磁带。尽管他在国内是响当当的人物，但初到美国的时候，根本没有人认识他，画也卖不出去。直到某天看到一个老太太推着摇篮车带着小孙女晒太阳，他突然号啕大哭起来。他想到在国内的女儿，刚出国的时候，他的女儿也很小。他说很奇怪，那天哭过一场后，就像男人憋了一泡尿，完全释放以后，第二天感觉像是重新做人一样。我在顺德对着窗外扪心自问的时候，也是那样的心境。那晚过后，似乎过了一个坎，以后再也没有那样困顿过。

一个艺术家的使命

Ⓛ 说到设计师的瓶颈，我想到前段时间看的关于路易斯·康的纪录片，其实最难的就是想要突破自己的那种挣扎和探寻。他是50多岁才开始真正意义上把自己的建筑呈现出来；还有扎哈·哈迪德，也经历了长时间被质疑和捶打的过程。

Ⓒ 我在文章里写过加拿大著名动画人瑞恩的故事，他曾经在上世纪60年代有几个动画短片连续获得动画界的最高奖，从此以后就再也没有其他作品了，以至于最终颓废到流落街头，靠乞讨为生。当曾经的天才流落街头的时候，没有收容所主动收容他，也没有任何一家动画企业

主动聘请他。

　　因为文明起源于尊重，就像一位影评人所写："瑞恩的一切都是他的自我选择，我们要尊重他。"我认为瑞恩之所以伟大，在于他对自己喜爱的专业至高尊重，我称之为"放弃之壮美"。也许做艺术或设计的人都害怕灵感消逝的那一天。对我而言，如果那天来临，我也会像瑞恩一样，坦然接受一切，然后选择另外一种生活。

Ⓛ 您将专业信仰看得高于个人的荣辱得失，这样的观念是如何形成的呢？

Ⓒ 因为当我爱上一个专业，爱上一项事业，我就特别尊重它，甚至严格要求身边的同事，包括现在学校的老师，还有学生。所以在无锡轻工任教的时候，学生就给我起了个外号叫"曹一刀"。当时，我给人的感觉总是很儒雅，没什么脾气，但是一到毕业答辩的时候，就像"路怒

症"一样，完全变了一个人，"六亲不认，刀刀见血，穷追不舍"，以致被提问的学生满头虚汗。现在广美的学生也是这么叫我。前段时间毕业设计中期检查，我的老毛病又犯了，老师学生一块儿骂。有时候骂完就后悔，但是没办法，肩上有担子在，我得负起责任。

一直以来，经常有优秀的艺术作品被埋没，某种程度上就是因为设计师的不自信。所以当判定是否合格的印章交到我手上，我希望通过我这关走出去的学生，将来既能用设计表达自己的思想，又能勇敢地表达，让人信服。

而且学生似乎也没有因为我的严厉，而真的讨厌我。我现在每个学期给四个学院的学生上公开课，每次课后都有很多学生来加我微信。除了请教专业知识，很多竟是因为听说我的朋友圈很有趣。对此，我是十分慷慨地来者不拒，不管是虚荣心也好，使命感也好，年轻人还喜欢我，我当然求之不得。

中国人的设计语言

Ⓛ 前段时间我在上海出差，跟一个设计师朋友聊到您。她说："能做 VI 设计的，都是懂得谋略的人。"您认同吗？

Ⓒ 岂止是 VI 设计，我觉得做任何东西都需要有谋略。我讲的谋略，是指预先的准备和大局观，"夫未战而庙算胜者，得算多也；未战而庙算不胜者，得算少也"。《孙子兵法》在第一篇中就专门强调了战争之前做好准备的重要性。凡事都一样，完善的准备工作是获得成功不可或缺的一部分。这恰恰是现在很多学设计的学生最欠缺的，他们还以为设计只是一个技术活儿，只要呈现美就可以了。

这可能是出于我做老师的一种职业病吧！总觉得有一种责任感，想把自己的经验都一股脑儿告诉年轻人，让他们尽量少走弯路。但是，有时候换个角度想，我二十几岁的时候，何尝不是一步一步走过来的？该经历的总是绕不开的，所以也劝自己不要太杞人忧天！

Ⓛ 在过去的三四十年里，中国设计经历了一个大规模模仿西方，崇尚西方大师的阶段，现在我们可以明显看到本土设计的崛起，越来越多的年轻人开始注重审美，越来越多的中国元素被应用到设计作品中。关于中国设计未来的发展进程，您有什么思考？

Ⓒ 我认为，任何风格在形成之前，都会经历一个模仿的阶段，比如很多人推崇日本设计，其实日本在上世纪 60 年代的时候，也经历过一个大规模学习美国的阶段，后来慢慢摸索出自己民族的设计理念。我们现阶段也到了一个转折点，自己的语言要出来了。

现在比较好的一点是，中国市场还有饥饿感，所以有渴求、有炽热。对于一个行业来讲，最怕的是没有饥饿感！没了饥饿感，也就没有了追求，没有了方向。现在西方国家就处于原地踏步的阶段。我自己喜欢搜罗世界各地稀奇古怪的设计品。第一次去德国做访问学者的时候，带回来满满两大箱子"shopping 战利品"，看得机场安检员都频频摇头。疫情以前，每年都会出国两三次，但是带回的东西越来越少了，已经很少再有能够产生新鲜感的设计了。

Ⓛ 看您的朋友圈，发现您还蛮"段子手"的。除了设计之外，您的人生清单上还有什么好玩的事情吗？

Ⓒ 我喜欢画画，喜欢黑胶唱片，喜欢收藏一些小玩意儿，市面上新奇的电子产品都会第一时间弄回家。这两年，我时不时冒出一个念头，我想写点东西！画家用画画写生，写作的人何尝不是用文字在写生？用惯了画家的表达方式，我想尝试一种新的表达方式。

11

潘洁，P.J：国潮设计师的"野心"抱负——于内心征战中，挑战感知边缘

简介：潘洁，P.J，首饰、服装设计师，时装品牌 ATELIER ROUGE PEKIN 北京红工作室创始人。她致力于重新解构、演绎传统与现代中国元素，为中国制造注入 Fashion 基因。在她的设计下，内联升、梅花运动服等老牌国货脱去"土"的印象，变成了时尚潮牌。

潘洁，P.J，服装设计师，之前看她为国货老字号内联升布鞋和梅花运动服做的跨界设计，当时便思忖：这风格真是虎虎有生气啊，人也必然有趣。

我们的见面在她光华路附近的工作室里。她一身宽大廓形的休闲服，面若素纸，眉若弯钩，果然是个桀骜的人儿。

记得初时沟通，她便说："你叫我 P.J 便好，大家都这么叫。"就像她工作室的名字——ARP 北京红，一样的铿锵。她说，这样的路子就对了，就像一说 P.J 会让人联想到的英国摇滚乐手 P.J. 哈维，一生都在直面心灵的战场。

我们聊起"国潮复兴"，她说那是这两年才流行起来的词儿。而 2013 年创办 ARP，将品牌理念定位在深挖中国本土文化的想法则是源于法国合伙人 Maxime Bureau 的推动。法国人骨子里对时尚的敏感给了她更清晰纯粹的思路，去挖掘中国文化符号更时尚的表达。

梅花和内联升都是在中国人的记忆中扎了根儿，却日渐稀疏的老品牌。一个是 1984 年洛杉矶奥运会中国代表团指定的出场服装，风靡了 80 年代

的街头巷尾；一个始于咸丰三年（1853年），从做朝靴起家，以千层底布鞋成为老北京一道风景线的长寿品牌。

为这样的品牌做概念设计，如同一上手就担着厚重的担子，需要做很多文化提炼和取舍的工作，而潘洁的回答却给了我意外。

她的创作和选择简单又直接，一是抛开以前东西的包袱，只抓住最核心的要素，对于内联升是布鞋和工艺，对于梅花是运动套装和logo颜色，再结合当下的流行气质，反倒让整个创作过程轻松有意思。二是只为自己心中契合的形象做设计。在她心目中，穿着西服套装也能穿内联升的布鞋。犀利、简单又自我，才是她所追求的时尚，一如她自己。

她毫不讳言自己是有野心的设计师，只不过这样的野心不是构筑在把服装当成生意赚更多钱之上，而是像艺术家一样，寻求"自我表达"，不与时下的潮流做妥协。

建筑、电影、家居、艺术展览，她看大量的东西，却几乎不看其他服装设计师的作品。她选择让自己不断吸收、积累再输出，选择一再地挑战和思索，而不是一眼到头地确定。

这是一个设计师最吸引人的特质，但其实也是人生最大的一场取舍。P.J说，能做到这些，得感谢从小的成长环境，外婆的宠爱和父母的宽容给了她足够的自由和叛逆的空间。

学国画，学服装设计，来北京立足，30岁回归设计，做自己喜欢的事儿，过自己想要的生活。她说她幸运，她也满足。

对于自我的状态，她有一个特有意思的比喻，"现在是个小蘑菇，以后可能会是一个大蘑菇"。让我联想到蘑菇云，在等待某个瞬间的爆发。

人所钟爱的东西，最终都会与自我性格的塑造相一致。P.J的选择很像与她同名的哈维，都是在内心的不断征战中，挑战感知的边缘。服装也好，音乐也好，于她们，都只是语言的符号。

从小知道想要什么

Ⓛ 你工作室的名字 ARP 北京红，还有你自己的名字 P.J，都给人铿锵有力、掷地有声的感觉，这跟你的性格有关吗？

Ⓟ 我是南方人，性格中有很典型的湖南人的"霸蛮"，比较直线条。从设计里也能看出我就是这么一个人：很犀利，很直接，不喜欢拐弯抹角、花里胡哨的东西，包括这个名字。

Ⓛ 你从小到大性格都是这样吗？

Ⓟ 我属于从小就知道自己想要什么的那种人，而且随着心性的成熟，我也一直在不断突破自己，让自己变得更完整。

　　这跟我小时候的家庭环境有关系。我是放养型的孩子，从小跟着外婆长大，是老人家的宝贝孙女，我也有点被宠坏了，回到父母身边的时候，就不是很听他们的话。但我爸爸觉得没关系，因为小时候没怎么照顾我，他也很宠我，给我很多自由支配的时间。从懂事起，我就知道所有的事情我都可以做，我爸从来不干涉，包括经济方面也是，他永远都是把钱给我花，我爱干吗干吗。

Ⓛ 你什么时候确定把服装、时尚行业作为自己的职业？

Ⓟ 我小时候学过很多年国画，学服装设计也是因为喜欢，但是学完之后的很长时间里，我都没有从事这一行。

　　我觉得可能是在学校的时候，老师总是逼着我们做东西，我非常反感这种方式，所以当时总是不管老师怎么教，自己想怎么裁就怎么裁，做自己喜欢的东西，但是要毕业，又不得不被逼着完成自己的毕业设计。所以学完以后，我一度很讨厌这个行业，觉得把一个梦想、自己非常喜欢的东西变成职业，性质就完全不一样了。

Ⓛ 毕业以后来北京，你最初从事的是哪个行业？

Ⓟ 地产方面的商业运营。因为那个时候这个行业是最挣钱的，我很清楚自己首先要挣钱，活下来。当时我把自己学的专业全部抛弃了，从零开始，从小秘书做起，做到最后成为管理层，我就放弃了。因为当时正好到了 30 岁，我觉得可以按照自己喜欢的方式做事情了。

那时候我对首饰设计特别感兴趣，所以创业就从首饰设计开始。2009 年到 2012 年之间我一直在做首饰，在三里屯建了一个小工作室，做点自己喜欢的首饰，也有别的首饰设计师的东西，就像一个买手店，当时在三里屯还算比较有名气。

把传统变成街头时尚

Ⓛ 你是什么时候重新做回服装设计的？

Ⓟ "ARP" 这个品牌我们从 2013 年开始做，2014 年正式发布。整个服装理念以中国当代文化为出发点，所以你会看到我用了很多制服元素，还有乒乓，基本都是 80 年代的元素。

做国潮是从 2016 年设计周开始的，主办方给了我两个很大的展厅，支持我做自己的陈列，还牵线我与北京几个大的非物质文化遗产品牌，如马聚源、内联升、瑞蚨祥等合作，我从中选择了内联升。因为在北京生活很多年以后，我很喜欢北京的本土文化和城市的包容，一股子随性不羁，平时喜欢买内联升的鞋子自己穿，也送给国外的朋友。我当时就觉得他们的东西很好，也有非常好的设计，只是还没有把这个东西变成一个时髦的、年轻人可以接受的品牌。

我平时出门的时候也看到很多年轻人穿搭得很潮，比如 T 恤配日式开衫，脚踩千层底靴子。传统的东西完全可以变成街头时尚。

Ⓛ 做传统品牌，需要取舍很多东西。你在跟内联升合作时，有过权衡两难的时刻吗？

Ⓟ 第一季做得非常缓慢，从 9 月份时装周开始做到第二年。当时遇到的最大困难就是做它的东西须要保持它本来的基因，加上我没做过鞋，在工艺上也会遇到不懂的地方，做出来的设计事先不知道手工师傅能不能实现，所以在整个过程中，大家来来回回地磨合了很多次，才做成我想要的东西。

　　最后的效果我们双方都很满意。对内联升来说，跟我合作是他们重新转变的一种尝试，让大家认识到内联升可以这么搭、这么潮，也可以这么有意思。

Ⓛ 最后设计定稿的时候，你心目中最契合的形象是什么？

Ⓟ 我觉就是穿着西服套装也能穿双内联升的鞋子，犀利、简单、独立、自我。我觉得能把内联升搭配到日常生活之中，或者搭配到时髦中的人都不是简单的人，所以我也没有把这个系列当成大众一定能接受的东西。我觉得我走的就是这个路子，没必要去妥协很多东西，这是我当时的状态。

Ⓛ 跟梅花的合作是什么契机？

Ⓟ 我从 2017 年开始跟梅花合作，也是机缘巧合！因为当时梅花在微博上发帖找人合作，我的助理看到了，就给他们回了一封邮件。梅花看了我们的资料后，觉得两个品牌的契合度非常高。我们和梅花合作以后，"国潮"这个词才开始流行起来。

　　我是南方人，平时也不穿运动套装，所以当时对梅花了解不多，也恰恰因为如此，我做这个品牌时没有包袱，一切都是新的认识。我到他们天津的办公室里，看了很多之前的老款，觉得非常好。60 年代、80 年代那个时候，他们的配色非常大胆，裁剪也很有意思。那个年代的人很敢穿，把什么都混在一起也不违背当时的环境。但是我没照它以前的东西去做，而是抛开了所有包袱，只是抓住它 logo 的颜色和运动套装两点，只做当下流行的东西，这反而让我当时的创作过程变得非常轻松。

Ⓛ 当时有销售上的压力吗？

Ⓟ 梅花在这个方面很开放，没觉得这个东西做出来后一定要卖多少，反而是我希望卖掉多少。我说，这批货做完以后，我们至少要销售50%—80%，这是基本的要求。因为我觉得，作为一个设计师要有这样的思维方式，不能只做好看的东西，要卖得出去才能真正产生价值，必须有这个商业意识。

Ⓛ 你是有野心的设计师，还是没那么有野心？

Ⓟ 我承认自己是有野心的设计师。我身边艺术圈的朋友有时候会开玩笑说："你看着大大咧咧，其实挺有野心的。"某种程度地建立在资本实力之上，才能最大限度表现自己，成为自己想要的样子。尤其是做品牌，想达到什么程度，我整体上会有野心，但不急功近利。

　　如果我把服装设计当成一个生意，那么我的野心一定是卖更多的钱；如果我把自己当成一个设计师，那么设计师的野心可以是名，也可以是利，也可以是更艺术家一点。我就是表达自己，金钱排在其后。

做自己会穿的衣服

Ⓛ ARP 是你与法国合伙人 Maxime Bureau 一起合作创立的品牌。是什么让你们产生共鸣？

Ⓟ 我的合伙人就是我的投资人。创业的时候我做过很多展览，助推其他设计师的作品。当时中国没有这样的环境，独立设计师的品牌还不多，我觉得做一个推手帮助其他设计师，是一件非常有意思的事情。

　　机缘巧合之下，我通过一个设计师朋友认识了现在的搭档。他做音乐，但是不靠这个挣钱。当时我们在三里屯做了一个展览，问他愿不愿意免费帮忙，他说没问题，愿意支持我做的事情。后来我们成了老朋友，经常见面聊天。他觉得我的设计不错，问我想不想再做得纯粹一点，他出钱做个品牌。我们就这样开始了。

Ⓛ 当时你们就已经有了很清晰的品牌规划吗？

Ⓟ 法国人骨子里对文化艺术和时尚天生敏感。我很佩服我搭档，是他给了我更清晰的路子。他在中国待了小十年，也看了一些中国设计师的

作品。他觉得我们可以再深挖一些中国本土文化的东西，做我自己喜欢、实穿的衣服。

我是土生土长的中国人，也有很多年游历欧洲的经历，所以对中西方文化的融合、转化比较自然。我会穿很传统的衣服，比如马褂、刺绣斜襟衫等，同样我也会穿很西方、很硬朗的东西。我把它们融到我的设计中，但没有刻意讨好两边的客户，很多东西就是自然形成的。目前，在我的固定客户群体身上可以找出一些共性，他们基本都是有留学经历，对文化有深层次了解的人。

Ⓛ 这么多年来，你自己的穿衣风格有什么变化？

Ⓟ 一直很中性。我喜欢穿男装，这两年也开始穿一些街头时尚的东西，因为跟梅花合作以后，我开始看很多街头文化的搭配，觉得非常有趣。我认为穿衣服要能够表达自己，我今天心情是什么，就穿成什么样子。

Ⓛ 你现在穿的衣服大部分是自己设计，还是会买其他牌子？

Ⓟ 我其实是一个不爱逛街的人，昨天还被朋友吐槽，身为一个设计师怎么能不看别人的东西！我觉得做设计的人最忌讳看太多别人的东西，那样很容易被带入坑，但是我会看很多艺术展览、电影或建筑设计师、家具设计师的东西，但是服装设计师的东西我基本上不看。我觉得我要学习的东西，应该来自别的领域，而不是其他服装设计师那里。

我很害怕那些能够一眼看到头的东西，挑战和冒险才是设计师最应该具备的品质，所以我从来不看什么预测、分析，未来会怎么样跟我没关系。什么时尚趋势、颜色趋势，管别人喜欢什么颜色！我喜欢什么颜色就好了。

Ⓛ 你想过自己的服装职业之路会走到哪里吗？

Ⓟ 我想我最后要成立一个基金会，因为要成为成功的设计师品牌，需要更大的资金注入和更强大的团队。我觉得品牌设计做得再好，完全不走商业路线也是不行的。我从来没纠结过这件事。我觉得这是应该的，品牌做到这个程度就是要商业化，很多系列都要商业化，形成固定的产品线。

Ⓛ 你有自己的野心、目标，此外，你自己理想的生活状态是什么样的？

Ⓟ 我现在已经是理想的生活状态了！就是想干吗干吗，想去哪儿去哪儿，做设计也是做我想做的东西。作为一个设计师，确实会有起起伏伏。我2016年夏天的状态就特别不好。2017年属于一个过渡期，我在调整自己。到了2018年，我的整个状态变得非常好，因为我清楚自己应该朝着哪一个路子走，应该成为一个什么样的设计师。

PART IV

学者与匠人：有一种使命叫传承

12

抱淵守貞

楊鍾義

罗随祖：行走于紫禁城，三代治学的金石世家——旧学新知承继传统文化

简介：罗随祖，故宫博物院副研究员，青铜器、古代玺印专家，西泠印社社员。生于"上虞罗氏家族"，祖父是国学巨擘、甲骨学创建者罗振玉先生，父亲是"故宫四老"之一的罗福颐先生，祖孙三代都与紫禁城结下了深厚的文化渊缘，以世代不懈的努力，为民族文化传承作出最好的诠释。

与罗随祖老师相谈的那次经历实属难忘！去时清晖满怀，归时已是暮霭微沉，浑然忘却了时间。从家风传习，到金石篆刻，再到故宫旧闻，百年间的掌故随罗老师信手拈来，令人闻之酣畅。我最初从书法老师畅畅口中得知罗老先生，只说是学养深厚的篆刻专家；寻过资料才知道，甲骨文、殷墟出土文物、临沂汉简这些重要的近现代考古发现都源自他们家族几代人的治学贡献。

罗老师的祖父罗振玉，雪翁公，生于纷争乱世，毕生以承继文化为己任，是甲骨学、敦煌学和少数民族古文字学的开山奠基之人。

外祖父商衍瀛是清末翰林院编修，著名书法家，光绪年间进士，与其弟末代探花商衍鎏出身广东近代名门望族"番禺商氏"，并称"禺山双凤"。父亲罗福颐，被称为"故宫四老"之一，治学 60 年，是著名的古文字学者和文物学家。

有如此辉煌的家世背景，罗老师的家中却简素得很，书桌、茶台、音响、书籍以及少量的字画，此外没有多余的陈设。

中厅墙上是一副末代帝师陈宝琛的集字联——"秘响旁通伏采潜发，晨

光初起夕景斜晖"。上联出自《文心雕龙》,下联出自《水经注》,道出了中国传统文化承继相习的隐秀精妙。罗老师说,这副对联时时提醒他"学无止境",不断积蕴方有新知。

聊起幼时的家庭教育,罗老师说到最多的是母亲。作为清末翰林家的小姐,母亲的豁达通透是六个孩子面临时代冲击时坚实的精神支柱。通过罗老师娓娓道来的回忆,我才有机会在点滴细节中体会到中国传统的家庭教育有如此多可被借鉴的闪光之处。

给孩子灌输正向的价值观,创造好的教育氛围,尊重孩子的特质,不是简单地以父母的经验去代替孩子的人生探索。要做到这点,身为父母又何尝不得时时克己修身,才能有一份笃定和坦然。

有了这样的家风熏习,他的父亲罗福颐先生虽未受过学校教育,却学养深厚,十六七岁时印章已刻得极好。罗老师的儿子在建筑系毕业之后,也对考古和篆刻兴趣日浓,并主动追随父亲学习。

问及如何欣赏篆刻,罗老师并未架空来谈,而是从书架上取出《中国篆刻丛刊》中吴昌硕和赵之谦两位诗书画印俱佳的大师的篆刻让我对比来看。

往日看篆刻不知其门道,一经解读,才明白为何说篆刻是"方寸之间,气象万千"。一方好印不仅体现篆刻家的性情、印风,也反映出时代的特点。汉印雄浑,唐印雍容,宋印婉转。刻好一方印,需要有丰富的学养和日积月累的手上功底才行。

在故宫工作四十年,一万五千次地走入这座古建筑群,罗老师说依然觉得看不够,而渐渐在心里有了另一个紫禁城。故宫的中轴线也是整个北京城的中心线,是这座城市壮美秩序延伸的开始;金顶朱柱的大殿在天地掩映下仿若悬浮升起,令人感叹"非人间所有";还有些未能开放的建筑如雨华阁也是独绝奇巧,有数不尽的神奇魅力。

从罗老师家中出来,对面相迎的是北京初秋金色的阳光,一时心潮难平，仿若从一幅历史画卷中穿越而归。中华文化的浩荡不绝，正是因为有这样一代又一代的学人薪火相继，如罗老师所说："我们的工作就是把古人的东西稳稳地传给后人。"

"以达观世"——国学世家的教育观

Ⓛ 您的父叔辈都是史学家、古文字专家，而且是三代承继。您的名字是罗随祖，名字本身似乎就已经蕴含了"家学传承"的使命。您名字的由来是怎样的？

Ⓛ 我母亲一共生了八个孩子，最前面的两个孩子夭折了。我跟妹妹是双胞胎，排在末位。《论语·微子》曾提到"周有八士"，《集解》说："周时四乳生八子，皆为显士，故记之尔。"周代的时候有一位母亲生了四对双胞胎，也就是后世所说的"周八士"，排行第七的叫"季随"，我的名字就是借了这个"随"字，"祖"是我们族谱的字辈。

我母亲这个人很特别，她是清末翰林家的小姐。外祖父的教育观念很开明，母亲从小就跟男孩子一样学作诗、写字。我们兄弟几个受母亲影响非常大。她生性乐观豁达，对子女的教育永远都是正向的。在那个特殊的年代，我们的大家族几次受到冲击，但是她一直都坚信未来会好的，为我们建立了正确的人生观。这对我而言，真的是一个恩赐。

我说这些其实是想传达一点——一个家庭里，母亲的位置非常关键。《中国现代社会科学家传略》里收录过我父亲的一篇自传，其中记载了一段关于我祖父的回忆。祖父早年经历了很多艰辛，但是当他回忆起幼年生活，家里永远是春风和煦的，生活再困苦，也听不到祖母和母亲的分毫抱怨。在这样的环境里长大，他觉得任何困难都可以克服。

Ⓛ 能够家风相承、家学相继，既是幸运，也是责任。但是在那个动荡的年代里，学习金石、篆刻、经文、考据这些传统文化，也意味着某种风险。您当时面临的情况是怎样的？

Ⓛ 实际上，我们的家庭教育环境非常宽松。我小时候随着母亲和舅舅学古文，临帖习字，渐长随父学刻印，但是他们都不会为子女做主，安排一个什么前程。我祖父在家里的教育方式也是一样，他对四个儿子有教无类，让他们发挥各自特长，喜欢什么就学什么。在我小的时候，家里有两间大书房，书桌上、柜子里都是书和青铜器等文物。男孩子淘气，经常偷偷拿些文物摆弄着玩，父亲也从不阻止。有时候我们不小心把文物摔碎了，只要主动认错，他也不恼火，而是带着大家一起修复好。书房里的书，家里的小孩都可以随便翻看。

这些给了我很深的印象，所以我在教育儿子的时候也一样，人生大事都由他自己做主。儿子大学学了土木工程，后来做的是建筑设计相关的工作。有一次，他郑重其事地来找我，说想学印章，学青铜器，继承家学。他自己有这个想法，我当然支持了。

Ⓛ 您的祖父辈跟父辈经历了完全不同的时代，前者是一个王朝行将没落之时，后者则经历了一个建国伊始的动荡时代，这两种不同的情形让他们对责任的理解有什么不同？

Ⓛ 我外祖父晚年给自己写过一副挽联——"生老病死时至则行，聪明正直归终于一"。他是一个佛学修养很高的人，但是家里从来不摆佛像，因为他自身已经到了那个化境，不需要佛法经文那些指月的手指。我们一直把这副对联当作外祖父的遗训，"生老病死时至则行"，人有四苦——"生老病死"。外祖父认为这是不可抗拒的自然规律，时候到了你就要走，留恋人生可以理解，但行不通。"聪明正直归终于一"，他

的整个人生是很圆满的，自始至终都没有违背内心，这是一种思想上的达观。其实很多时候，人生本来就是一种历练，有了这种认识才能够豁达，使自己圆满。

人不是天生就怎么样的！一个好的家庭和正确的教育对一个人的成长非常关键。我们兄弟姐妹小时候写作文经常引用这副挽联，其实也是一种耳濡目染，一种传承。后来当我自己亲身经历了动荡和磨难，才真实地觉得没有什么了不起。人一旦建立了达观思想，对未来都会充满乐观的信念，眼下的挫折也会变得容易应对。

Ⓛ 今天我们重新把"文化自信""文脉相承"提升到一个相当的高度。书法、绘画、古琴，越来越多的父母会让孩子从小去学习，但孩子的进步似乎只能用"考级"来体现。您觉得父母们应该怎样引导孩子去学习传统艺术？

Ⓛ 我们以书法为例，在中国文化中，汉字是一个根本。每个字里都有一方天地，像谜一样等着你去揭晓谜底。探究文字结构就是学习传统文化最好的引子。但是这种探究绝对不是从写字开始的，而是当你有了生活历练，有了经历的时候，突然某一天会去探究它。那么孩子也是一样，你不需要用一个完整的或者自己认为理想的答案去说服他们，你要相信他对汉字的理解——他自己一定会建立起概念，有一天一定会从中开启智慧。

现在有些家长疯狂地让孩子学习传统文化，或者说盲目去参与各种学习班，这是用一种倾向掩盖另一种倾向。我们这种焦虑背后的倾向其实很大程度是源于我们经历了所谓文化断层以后，对自己的失落和不自信，而不是下一代的问题。我们应该看到这个时代的进步，我们完全有时间、有能力去重新探究文化。这种探究也会对孩子产生榜样的影响力，就像以前我们家桌子上摆的那些青铜器，形成我耳濡目染的印象。

我有个学生孔先生，他参加过故宫办的很多培训班，例如书法、陶瓷、篆刻等。他谈感想时说了一句话挺有意思。他说在学习上最怕受到初始创伤，就是说，在启蒙阶段被老师带偏了。这是一个问题，初始创伤需要很长时间的修复。当前文化教育要真正做到纯粹，一定要选好老师。不是名气大、学术位置高就可以当老师。老师要懂得学生的需求，能够答疑解惑。就像在家庭医生方面，我们需要的是全职医生；老师方面，我们更需要的是全才——在某一门学问上有很深的造诣，同时能够解答普通问题，这才是社会普遍的需求。其实家长教育孩子也是一样，你不需要主动向他讲很多事情，但是当他提出问题的时候，你能够回答才是关键。

为人子之责——传承文化基因

Ⓛ 这几年故宫的展览虽多，但以书画、瓷器、家具为主，关于金石、篆刻的并不多。金石学似乎一直是冷门，简化字改革之后大众更是很难接触到。我前一阵子在国家图书馆看过一个甲骨文展览，人并不多。在您看来，金石、篆刻传承的意义是什么？在大众传播层面上，我们可以做哪些事？

Ⓛ 从历史发展的角度来讲，现在确实是一个传统文化的空白期，同时也是一个旺盛的需求期。这造成的结果就是泥沙俱下，真正能分辨好东西的人不多。你要知道真正好在哪里，关键是要知道什么才是最重要的。就篆刻而言，我祖父的篆刻风格接近于浙派，而我父亲则更追求古印面貌，在篆刻界有些另类。他没进过学校学习，但是从小就浸润在中国传统文化里，除了读书协助祖父著述，动手能力特别强，十几岁时印章已经刻得很好，许多祖父的朋友找他刻印。他对印章有自己独特的理解——追求汉人精神。

他崇尚汉印的端庄严谨，这和祖父的教育也有关系。好的汉印不仅因为美，还因为它"如端人正士"。我们见到的汉印，在地下埋藏了上千年，有的受了损伤，或是被当时铸造水平所局限，只能达到那个程度。近代很多人刻汉印，刻完后都要拿刀子在四周敲一敲，以为故意做残就是古，这就太表面了。我们通过古印遗存，了解汉代治印家的追求。当时印章的面貌很多，要知道什么是汉人追求的美，而不是止于现象，这是我父亲穷其一生所追求的东西。现在很多人不了解，那么就需要有人去传承。我给自己定位叫"人子之责"，先辈们努力的结果已经放在这里，我们有这个责任传承给后人。

Ⓛ 篆刻历史已有两千多年，秦汉魏晋和明清都是发展的高峰时期。在您的眼中，篆刻在审美上有什么统一标准吗？

Ⓛ 小林斗庵先生在编纂《中国篆刻丛刊》时曾找过我父亲，还请我父亲写了序。我认为所有能够列到书里边的篆刻家都是成就者。但是篆刻是艺术的一部分，艺术一般是超前于时代的，或者说任何一个新兴的时代，不管光辉与否，它一定会找一个艺术作为自己的代表。这部书里的很多篆刻家就是那个时代的代表。吴昌硕是我国近现代书画艺术史上承前启后的关键人物，在日本被称为印圣，在全盘西化的明治维新时期，可能日本将之作为一个代表，为什么？他首次用西洋颜料入画，或许更符合那个时代吧。艺术是人类生活的一个部分，它一定要超越时代才能生存。如果艺术滞后，仅作为一种颂扬时代的工具，那它也是不能传承久远的。

Ⓛ 我曾经看过朝日新闻社记者野岛刚写的《两个故宫的离合》。他说故宫文物的离散，就是一部中国近代政治文化的历史。您的祖父见证了故宫文物的散失，您的父亲在国家文物局任职时见证了文物的回归，而您又见证了故宫学的发展和故宫热的兴起。能分享下从您私人视里的故宫吗？我记得您说过现在可能是故宫历史上最美丽的时期。

Ⓛ 我最近被指派了一个任务，让我做一个关于故宫的演讲。启功先生曾经写过一篇文章叫《我心目中的郑板桥》。我参照这个题目，演讲题目定为《心目中的紫禁城——我在故宫四十年》。我目睹了近些年故宫的大变革，包括"文革"结束以后筹办的展览。有意思的是，新中国刚刚成立的时候，故宫的第一个青铜器馆是我父亲筹建的。"文革"结束以后，故宫重新规划的青铜器馆是我做的内容设计，这种巧合更需要敬畏。

所以我的感触是，我们并不是重复前一代人的工作，而是站在前人肩膀上做出符合时代需求的调整，这一点其实是所有时代都相通的。我看到父辈把青铜器的铸造工艺展现得适合普通工农兵观众看，这在故宫都是开创性的。中国文化的方方面面都是有基因的，我的人生也是绕了一大圈，经历了考验，最后意外地进入故宫，这也许有一定的必然性。越是有这样的认知，我越清楚地意识到自己的责任——把流淌在血液中的文脉基因传承下去。

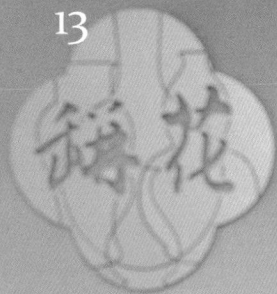

13

徐文治：以中式瓶花引领生活美学，于纷杂现世安住心灵秘境

简介：徐文治，传统中式生活美学研究者。从"一窍不通"开始了解书画艺术，成为美术杂志主编；四十岁后他潜心琢磨中式插花，为故宫在内的诸多博物馆提供花艺设计；后又到恭王府传统中式生活研究所任职，揭示中式瓶花背后的文脉讯息，重建文人意趣的中式生活空间。

这两年，"秘境"二字出现得越来越高频，只不过，不像以往说到"秘境"时常指人迹罕至的世界之端，而是指大多藏于日常生活中的隐秘天地。徐文治老师的瓶花艺术中心就是这样一处所在——藏于北京左家庄老无线电厂大院红楼之内。一门相隔，便似穿越经年。每一处的回转都像是旧时雅士山居别院的一角，或书斋，或茶房。

这次聊起"中式瓶花"，其渊源可追溯至两年前在故宫看《四僧书画展》。那次展览的惊艳之处在于有专辟空间，通过器物屏风的陈设还原文人墨客的生活场景。

空间之内的瓶花点缀更是妙笔，有生命的花枝蔓草，让人恍然发现那便是人居之所，观者只是不小心因时空门翻转而误入。机缘之下，我竟结识了那些瓶花的设计者——徐文治老师。

那次看展，看花的喜悦是在意料之外，也生出不少好奇。这些以青铜器、陶罐为花器的插花一眼看去就是中式的，自然而有生趣，水准极高，丝毫不逊于常见的日式或者欧式花艺大师的作品。

但，中式插花既有如此的造诣，却又为何在大众心目中印象模糊，反

倒不如日式花道流播甚远？

我提出这样的问题，文治老师回答说，他的作品也常被问道是不是学日本的。但两者无论历史渊源还是审美标准都大不相同。

中式瓶花讲求诗画之趣，是寄托情志的文人之日常；而日式插花则起源于佛前供花，入门的学习是"型"，模仿前人已总结成型的花艺设计。

和文治老师交流，更像是和一位文化艺术研究者在对话。他会一再强调"瓶花"的概念，态度极为严谨。他认为瓶花的内涵远大于插花、花道、花艺。远则追溯隋唐，近则回望明清，唐代罗虬的《花九锡》、明代高濂的《瓶花三说》和袁宏道的《瓶史》、清代沈复的《浮生六记》，一系列的文人经典早已构建起瓶花完备的理论体系。

不执念于插花技艺，而是注重其背后文化体系的研习，这和文治老师的经历极有关系。中文系毕业，他曾任两本美术杂志的主编，从2014年开始研究插花至今不过五年。

中文专业背景、对传统书画的研读和策展展陈的经验，让他对中式插花一入手就从空间开始，插出来的瓶花作品则如画一般，"得画家写生折枝之妙"。

这也是为什么他的课程能自成风格。他开设的第一门课程是袁宏道的《瓶史》研读，而非常规的花艺课。要学好插花，不如从研读经典著作开始。第二门课"瓶花之岁时节序"，讲瓶花如何与生活节序相衔接。

课堂之上学生都是自选花器、花材，个人偏好不同则作品不同，不必如日式插花课上大家所有材料都必须是一样的。他会挑战学生的固定思维，打破一些偏好的执念，从花器的配搭和植物的生长姿态来重新认知插花艺术。他说，你要插够300瓶花，一日一花，才能观察到植物花果的四时变化，比如冬天插花比春天花团锦簇之时更有意思。

我本为"中式插花"而来，却不想一番交谈后像是吹皱了一潭池水。无论是传统经典学习，还是探讨中式生活方式，瓶花之美的背后其实更加

草堂读书图　沈周

茶庵读此水第滨洗净须忽五湖明
一樽斜阳门茅一间青雨小舟庭情
癸卯实之夏　再　拜日问二月

强调的是"洗心修身"的中国人历经千年而不改的精神追求。

恰如"一花一世界",最大的秘境莫如人的思想和内心,无疆也无界。对于那些能在日常中寻找并享受秘境的人,生活之趣处处皆有。

中国传统插花之美

Ⓛ 我第一次看到您的插花作品是在故宫的一个展上,当时一眼看上去就觉得这是中式插花,很自然很有生趣。以前我也看过很多日式插花师的作品,像川濑敏郎的《一日一花》,很简洁很美,但是都没有像您那次的作品这么打动我,但究竟区别在哪儿又琢磨不透。您能帮我解析一下原因吗?

Ⓧ 现在很多人看中式插花,觉得我和川濑敏郎先生插得很像,都是表现很少的东西,所以觉得我是不是学日本的。我喜欢川濑敏郎先生的作品,也在自己的创作中汲取了很多他的东西。但我和他最根本的不同其实是审美标准的不同。川濑敏郎先生的作品侧重于植物本身,怎么把这个植物的特点、把植物最美的那一方面插出来。

而中国传统瓶花呢?我们讲求的是"俯仰高下,疏密斜正"。"俯仰""斜正"是植物本身的姿态,它是向上生长还是向下生长,倾斜还是直立;而"高下""疏密"是个人的能动性,是你的艺术追求,可以把它插得高一点,也可以矮一点,可以繁密一点,也可以疏朗一点。把它插在一起的时候,还要做到"各具意态",每一个枝子、每一片叶子要有植物本身的姿态,还要融入个人的艺术修养,这样才算完成了中式插花的第一步。更进一步的问题是什么?"得画家写生折枝之妙,方有天趣",我们要让它插出来的效果完全像一幅画一样。

154

Ⓛ 前两天我刚看了您的作品《瓶花之美》，副标题是"中国传统插花初探"。能解读一下您用"初探"这个词的原因吗？

Ⓧ 我在刚开始上课的时候，并没有想着去梳理它，但是也没有随便找点资料给大家胡说。在我自己不太了解的时候，我就带着大家一起读书。读什么？读袁宏道的《瓶史》。所以我从研究的起始阶段，就回到了原点；从原点出发，它会走向什么地方不知道。但是我们第一步要解决的是古人说了什么，袁宏道说了什么，同时代的张谦德说了什么，高濂说了什么。同时其他人有关插花的史料，我都融在这里面了。我们虽然是做《瓶史》的研读，但是在这个过程中已经把明代的相关横截面全部涉及了。同时，我们又一直往上追寻，梳理出一条主线来。

　　《瓶花之美》为什么叫"瓶花初探"呢？因为我觉得关于瓶花的概念，史料太多。比如花目，我们用一两个小时谈花木，然后写出一万多字的文章，但是花目所包含的内容还是谈不完，我只能给大家捋出一条粗线。从五代时张翊提出的"九品九命"，到张谦德的"九品九命"，再到《花政》，里面也用到了"九品九命"，这中间的升降沉浮，不是一堂课能够解决的。这还仅仅是一个花目的问题。

Ⓛ 我看到您有很多花器，首先是从材质上已经有很大的区分，哪怕是陶瓷的花器，器型也有很多种。关于花器的使用，您做过相对比较清楚的梳理吗？

Ⓧ 高濂把瓶花花器分成了两类：一类是大屋子插花、插堂花的时候所选用的花器；一类是插斋花的时候选用的花器。张谦德在他的基础上又添加了其他的分类，例如时间上的分类，冬天和春天用什么瓶子，夏天和秋天用什么瓶子。还涉及材质，"贵瓷铜，贱金银，应乎材也"。金银器在张谦德的观念里格调是比较低的，青铜器和瓷器格调是高的。我们再往回说，说到唐代罗虬的《花九锡》提到的玉缸，不是玉做的缸，

而是洁白的瓷器。他主张用进贡给皇上的洁白的瓷器来插花，明确给了花器崇高的地位。

我们为什么找那么多的花器？为什么要找各种各样材质的、各个窑口的、各种形制的花器呢？就是因为不同的花器带来的插花感受是不一样的。有些花和花器天然就是绝配；有些花器，当你插花水平不够的时候，怎么插都不好看。我一直建议我的学生，在刚开始插花的时候，一定要尝试各种各样的花器。如果只拿一个瓶子搭配花材，往往难度很大；但当你有很多花器可以选择的时候，拿着一枝花脑海里一过，就会找到一个适合它的花器，这时候插花就会更简洁，更方便。

Ⓛ 花与花器之间有什么关系吗？可能在我这种外行看来，有一些花器只是花的一种点缀，有一些可能就是用来冲突对比的，与花相得益彰。

Ⓧ 我们中国人对瓶花的要求是什么？是把花插到瓶子里以后，能让人感觉到花是从瓶子里长出来的，是跟瓶子合为一体的。这时候瓶子的选择当然很重要！它不能太跳，打破艺术的美感；但它也不能特闷，看不出来，所以它体现的应该是一种色调的调和。当然了，这里面有一些特例，比如我们插牡丹，牡丹的花头本来就特别大，要用一个小瓶子把它插出来，就很难达到刚才说的效果。这时候选择花器就要考虑侧重于衬托，把花最娇艳的部分衬托出来。

不同的花材、不同的艺术追求，对花器的选择也是不一样的。当然我们还要考虑环境因素，因为我们插花后都要将花瓶放到环境里去。你用一个白瓶子插一朵白花，放到白墙上，到最后什么都显不出来。瓶子和环境的搭配，瓶子和花材的搭配，都要考虑与整个环境的协调。

Ⓛ 所以您说一定少插够要至 300 瓶花，其实就是在不断实验各种插法的可能性？

Ⓧ 你想想，插 300 件，也就是保证你一年里每一两天就插一件。这样下来，一年当中不同时节、不同植物，有花的时候、没花的时候、带果子的时候、长叶子的时候，叶子慢慢变黄、叶子很小、叶子很大、一直到叶子落光的时候……当把一年四季不同时节的花全部插一遍，有了量的积累以及对花卉不同生命状态的积累，你才有资格来讨论插花。很多学生说："老师，我春天来跟你学插花，冬天没什么花就不学了。"我说你错了，冬天插花才是最舒服的。春天插花，全是花。你看西府海棠，开花的时候直直的一根枝子，上面花满满的跟鸡毛掸子一样，插起来不会好看。冬天所有的叶子落掉后，枝材都可以用来插花。

瓶花修习与审美

Ⓛ 您带过这么多学生，在他们不具备您的这些研究理论跟知识之前，他们是凭自发的直观感受来理解美是什么样子的吗？

Ⓧ 这不需要去研究，不需要去总结，每一个人的喜好都是不一样的。我讲一个小例子，我在上插花课的时候会让大家怎么插花呢？我会准备很多花材、很多花器放在那里。插花的时候你自己去选，你自己选花材，自己选花器。

Ⓛ 大部分学生是先选花材还是先选花器？

Ⓧ 我要求他们先选花器，再选花材。因为你拿了一个很细很小的瓶子，又拿一把花过来，怎么插？这不是一个最现实的问题吗？你拿了这么大一个篮子，却只拿了一枝小草，插着也不好看，所以说要先选择花器。对初学者来说，先选择花器，然后再去找花材，在这个过程中就

会发现很多人的喜好是定性的。

Ⓛ 您在上课的过程中，是希望把这种已经相对形成的个人固定审美打破，还是说你觉得这样本身就已经很好，可以保留他自己原先的喜好？

Ⓧ 就像你刚才所说，很多来学的人，他是没有研究的。他的喜好是一个原生态的喜好，没有经过艺术的加工、专业的搭配，所以他觉得自己呈现出来的东西很美，但其实往往是不美的。所以我们的课程首先要解决的就是在你选择的花器和花材的基础上，怎么帮着你用艺术的观念把美的元素整合在一起。

在这个过程中，你会发现很多人的审美是固化的，我们首先就要把那些固化的东西往上提升，比如你原来喜欢红的，我现在把你喜欢的红提高到一个艺术的境界上，这是第一个层面。那么到了第二个层面，我就会挑战你的固定思维。有些人的我执特别重，每次都是一大把，或者每次都是一根。这时候我就会限制你，不让你选花器，我来给你指定花器。你喜欢一大把的，我今天就给你一个小瓶子，就让你插一枝。

Ⓛ 固化思维打破以后，他们会呈现出一种什么状态？

Ⓧ 七八堂课以后，我会让他回去自己再做选择。这时候他的很多想法就不一样了！一般听话的学生都会有一个质的飞跃。为什么？因为前面四堂课是自由发挥，接下来的四堂课是压抑的挑战训练，到了最后两堂课让他自由发挥的时候，他一下就觉得自由了。因为在这个时候，他已经有了一定的积累，对我们要谈的艺术的追求、艺术的搭配，包括技法的运用都已经有了充分的实践，所以在这个时候就会达到一个质的飞跃。

Ⓛ 所以，您的理念是，在学生原有喜好的基础上进行一个艺术的升级？

Ⓧ 我一直对学生说，我希望你插的是你喜欢的花，而不是我喜欢的花。不是我在这里插一个直立式，然后你也插一个直立式。我心目中的艺术是什么？艺术就是每一个人发自内心的感动。我希望你能找到一个让你感动的花材，然后通过你的艺术修养把它插出来，这才是艺术！我们不是强迫你去插出一个什么形状来，而是希望你能够通过这种训练方法去找到你自己。

瓶花与艺术生活

Ⓛ 在您的很多课程设计里有许多体验环节，比如带学生去户外寻花，去各种各样的市场淘花器，然后再回到教室里插花。在这一整套体验过程中，您更希望的是让学生去亲身感受，而不仅仅是把一瓶花插好吧？

Ⓧ 从去年下半年开始，我的教学方式已经完全变了。有机会的话，我会带他们去外面，看我怎么选择花材、怎么处理、怎么插，插完以后放在空间里，大家再一起看。我发现原来的那种教学方法仅仅指定了一个点——花怎么插。没有整套的流程，大家对很多东西的体会往往是不深刻的。

花是怎么来的，花是怎么长的，把它还原到空间里，该怎么去还原？这些东西他们理解得不深。所以我希望他们把全部流程都走一遍，在最开始选择花材的时候就考虑把花放在哪个空间里，用什么样的花器来表现。枝子长在树上，你准备剪它的时候，脑海里就已经想象到了要怎么处理它。

161

Ⓛ 您在带学生的时候，是期望他们只是自乐，还是将来也成为一个忠实的瓶花推动者呢？

Ⓧ 很多学生问我："老师，我们能不能开师资班？"我说不能。为什么？我目前开的课程你都上不完，你还想通过上三天课就去教人？我希望的是，每个学生首先把插花作为一种生活方式，作为了解中国传统文化的一种途径。当更多的人投身到这里面的时候，大家都觉得这是我需要的生活方式的时候，我们再去想怎么更有效地将花艺传承下去，让更多的人知道。

　　我想做一个关于我和学生的插花展览，题目就叫"做个俗人"。做个俗人，不是做个庸俗的人。俗人是什么？是针对化外之人而言，我们是俗世的人，喝茶、插花就是我们普普通通的生活中应该有的东西。当有一天办公室里没有花，您觉得缺了点什么，跟出门没刷牙一样，要把这盆花补上的时候，我觉得才到了可以谈普及花艺的时候。

Ⓛ 大概在上个世纪 90 年代的时候有一波传统文化的回归，那个时候大家是回归了什么？很多都是围绕《易经》、禅宗思想解决人生的不确定性。我觉得现在这一波传统文化回归解决的是内心安住的问题。

Ⓧ 我觉得上个世纪 90 年代那波思潮解决的还是精神上的东西，我们当下的这一波解决的是生活层面的问题。简单实现温饱已经满足不了越来越多人的需求，大家对生活层面的审美提出了更高的要求。其实中国传统文化艺术在这方面一直做得非常好。传统文化的持有者，他们本身就是立足于生活。传统的文人士大夫已经把生活融入了艺术的层面。我们现在要找的是，如何将传统的生活艺术嫁接在当下的生活里，怎么让它重新生根发芽。

　　我们最近在微信群里推了一本书，是明代李日华的《味水轩日记》。他写了八卷，用了八年，记载自己在嘉定地区每天看花、喝茶、会朋友、买古董、买书画、鉴赏书画所有这些文人日常。大家要自己去看，我不能发得太多，一天就一两百字，让你慢慢去体味一个明代文人的生活是什么样的，而不是臆想中国古代人怎么插花、挂画、焚香、点茶，不是那种概念化的东西。

Ⓛ 您看古代人的居住环境，比如他们的文房书斋、家具陈设，都有一定的模式。但是现在人的居住环境非常繁杂，审美风格也很多元，如何让瓶花跟现在的多元化空间场景结合呢？

Ⓧ 我们中国传统的居室环境是什么？坐北朝南，东西厢房，三间大瓦房，传统的家具，传统的陈设，传统的绘画，完全是在那种传统的居室环境里建立起来的。我们现在的居民楼，室内空间划分完全变成了西式的环境空间，很多时候跟传统的东西是格格不入的，文雅变得无处安放。我们现在想把这两者拉在一起，那么在交会的过程中就需要做出

163

一些改变。

比如说很多人家里都有电视墙，往往就是放一个大电视柜，上面的墙都是空的，其实你完全可以在上面做一个简单的隔板，垂下一枝花，或一条枯枝子，这样既不影响你看电视，对着花心情也很好。我们需要的只是一个很小的改变，不需要你把房子原来的装修全部扒了、砸了。这就看你对环境有没有文雅的要求了。很多人说，等我有了多少平方米的房子后再怎么样。我说没有必要！您连一个十平方米的房子都文雅不起来，给你两千平方米，布置出来还是俗的。为什么呢？因为审美没达到。

PART V

生活家：幸福是与生活共情

14

小飞：《飞鱼秀》后，"以玩为生"，不过是爱上生活本身

简介：小飞，昔日 CRI 人气早间节目《飞鱼秀》的男主播，陪伴无数"80后"青春成长的阳光大男孩。2016 年，他辞掉 DJ 身份，开始"以玩为生"，把工作室装扮成理想世界，把满世界"买买买"变为节目。他的最新爱好是露营，还有与一班老友开野餐会……他擅长把每种爱好都变成自己的一部分，打造让人向往的生活方式。

我与小飞相识由来以久，一来是因为好友小糖是他媳妇，二来是因为三年前《飞鱼秀》谢幕时，朋友圈里各种不舍哀悼，其阵仗不输于《康熙来了》停播。连非常不喜欢八卦的我见了小糖，也要忍不住问一句："你家小飞干啥去了？"他媳妇倒好，两手一摊："我回答不了唉，你得问他。他正捣鼓一个野餐会的 Showroom，不如弄好了你自己去瞧瞧。"

在机场附近的创意园区，伴随着飞机起降的轰鸣，我见到了小飞。海魂衫、复古背心、牛仔裤，配上黑边粗框眼镜和米色休闲礼帽，让你一看就觉得，这家伙活在时光的节奏里。

这节奏呢，就像他发过的一张音乐专辑，Beats 轻快，阳光流淌，他自吟自唱，任思绪游走。

他对音乐毋庸置疑是真爱，否则也不可能北影毕业后想方设法找一份与音乐有关的工作，最终凭着录好的电台节目小样外加四首唱作歌曲把自己送进了国际台（中国国际广播电台）。

如果说音乐是打开眼界看世界的一扇窗，那么后来《飞鱼秀》的 12 年就是他在窗下耕耘出的精神后花园。按他的话，"接触到很多激发兴趣的事

物，种了很多草，却无力养草"。

不愿意敷衍潦草地喜欢，喜欢了就有如火燎身般的冲动想去研究。有太多的领域他不想错过。

而这 12 年，电台 DJ 工作于他，熟练到成为下意识的反应和肌肉记忆，那个有点贫嘴毒舌的"飞鱼秀的小飞"，已经水到渠成，他觉得该翻篇了。

于是，作为"重度恋物癖患者"，满世界买买买的节目《飞买不可》来了；和朋友一起玩音乐，整出了"我去"吉他俱乐部；寻找自我"失落的价值"，又让他爱上了野外露营，有了"Terri"这个野餐会品牌。

每一种爱好，小飞讲起来都神采飞扬，让我眼前倏忽闪过小飞侠彼得·潘的影子——对世界永远好奇，爱世界本身却不需要理由。

当大多数人选择在挣钱、花钱、享受的循环中度过一生时，有一类人却在生活中激发热情、习得技能、获取能量。他们的生活少了很多"为了什么，牺牲什么"的纠结，反倒有种精神自足的安心和快乐。

当别人问起《飞鱼秀》后的小飞在做什么，他会自我调侃："以玩为生。"而玩，也需要玩得起的勇气，甚而还有一份暗藏的、难与人分享的敬畏心。

在音频收费节目满天飞的年代，他没有选择驾轻就熟的路子来实现快速变现，如果还没积累到足够多的新东西就继续等待。遇到有兴趣的事物就全身心投入去研究，整出个名堂，吸引有同样爱好的人。

在 Showroom 里，他一件件给我讲解户外野营的各种装备。对于太多参数"接收不良"的我，脑里只剩下"有腔调"三个字。

后来，我越发觉得，有一天小飞还会回到那种通过声音互动的模式，带着他用心体会过的各种新鲜生活感受，在一个充满阳光元气的清晨告诉你：在每一个习以为常的轨迹之外，生活还有很多面向，实在有趣。

音乐打开的世界

Ⓛ 我还蛮好奇你小时候的样子的，是爸妈眼里很调皮捣蛋的那种类型吗？

Ⓧ 我小时候很蔫儿，不喜欢社交。我爸经常跟我说："你出去跟朋友玩，别搁家里瞎鼓捣了。"

Ⓛ 所以你从小动手能力就比较强？

Ⓧ 我动嘴能力强，很多东西说完就觉得真的有了一样，主要靠嘴补。

Ⓛ 你属于胡同里的孩子，还是大院里的？

Ⓧ 都不是，我是丰台区的，非典型的北京人。我们小时候管进城叫去北京，我那时候还晕车，坐一站公交车要吐两回。所以我小时候去过的地方特别少，对世界的认知还蛮有局限性的。所以我觉得我还算是对知识对外面的事情"比较饥渴"的那种，就是从小憋的。

Ⓛ 你觉得到底是什么让你打开了一个精神滋养的层面？

Ⓧ 音乐应该是把我的眼界拓展到世界维度的第一扇窗户，因为小时候眼里看到的就那点儿事，同学那点儿事，漫画书上那点儿事，电视机上那点事儿……然后突然有一天，我记得是上初中的时候，我在家歇病假，我爸也不知道什么原因，可能是觉得我太闷了，从报刊亭给我买回来两本音乐杂志，一本是《当代歌坛》，讲国内流行音乐的；还有一本叫啥名忘了，反正是讲欧美流行音乐的。打开以后，我觉得：哇，这些人的装扮，还有里面提到的歌名、人名全都是陌生的，但是这些东西莫名其妙地就吸引我了。

通过音乐给我打开的第一扇窗，我开始关注国际上的很多事情。后来上高中去了海淀区，守着海淀图书城和五道口，"打口碟文化圈"进一步为我打开了更广阔的视野。从此以后，除了电台之外，我还可以拥有海量的音乐，不只可以听到歌手们的成名曲，还能听到整张专辑，甚至可以买到他们历年来的很多作品。

Ⓛ 我知道你大学时期学的是制片，后来怎么没有往那个方向发展？

Ⓧ 我差不多到大三的时候就已经很确定以后不会做制片了，因为我没有办法跟一大群人一起合作，那会让我很崩溃，脑系统瘫痪，处理不了信息！我还是喜欢自己一个人慢慢鼓捣东西。当时因为喜欢音乐，我也在自己写歌，跟朋友玩乐队，满心想着一毕业就直接出专辑，等哥们儿成明星，拿着格莱美奖，衣锦还乡。后来真正到了大四实习的时候，我才认识到现实的"骨感"。

Ⓛ 你那会儿出来也不是好时机，往前推七八年还可以。

Ⓧ 我那会儿做了四首歌的小样，自己在家用电脑软件录的，录出来自己还挺满意，当然现在看起来就很糙了，但在当时看来，那些小样的风格和动机都很有意思。

Ⓛ 我还真没听过你唱歌！是什么风格？

Ⓧ 都是偏非主流和独立的，但是我不排斥任何一种风格，有时候我会把Hip-Pop融进去。

Ⓛ 你还是属于心里有火的那种人。

Ⓧ 我特容易上火，真的！火太大了，经常燎着我自己。

Ⓛ 当时还有一种可能，往乡村音乐发展。我看你现在的状态，有点乡村音乐的感觉。

Ⓧ 玩不了乡村音乐，因为那不是咱血液里头的东西，你找乐手都找不到，不过我自己倒是很喜欢。我最开始听欧美音乐，其实听的就是乡村音乐，因为乡村音乐很甜，很容易接受。还有爵士乐，我刚听的时候，也很喜欢，特别想学，买了好多教材，最后发现我根本不知道自己弹对没弹对；听着录音，跟着一起弹，我根本搭不上那个节奏，后来我突然意识到是血液里面没有这个东西。那怎么才能够让血液里有呢？我当时给自己制定了一个计划，就是从此不再学，只是听，听十年再说。所以从那时候开始，我就再没有碰过爵士乐的东西，只是听而已。

《飞鱼秀》十二年

Ⓛ 你当时进电台是为了实习吗？

Ⓧ 当时我不是做了四首歌的小样吗，想送去唱片公司。但在此之前，我认识了一个音乐制作人，我拿着我的小样给他听，他说动机还不错，但是制作有点糙。

Ⓛ 这句话可以理解成"你内心想表达的东西是动人的，但是在技法或者包装上面还不够细致"吗？

Ⓧ 对！想法到了，但是眼高手低，就是那个状态。后来我们一起吃饭的时候，他跟我说现在音乐不好做，你想做这个，就要做好吃十年方便面的准备。这句话深深打击了我，我当场就听劝了。后来我就想，有什么方法能找一份跟音乐有关又能谋生的工作，最后就想到进电台。然后我就拿软件把四首歌的小样刻成了光碟，收在 CD 包里边不管了。之后，又录了电台节目的小样递到了国际台里。

173

Ⓛ 你一进国际台，就开始做《飞鱼秀》?

Ⓧ 哪能！进去先打杂，扫地、倒垃圾、煮咖啡……

Ⓛ 这个节目做了 12 年，你属于那种做事儿一定要做出个名堂来的那类人吧？

Ⓧ 也不是一定要做出个名堂来，我觉得最重要的是要做得爽。

Ⓛ《飞鱼秀》在某种程度上是不是也塑造了你的生活状态？

Ⓧ 潜移默化！因为有时候为了节目效果，我要研究很多东西，做媒体也让我接触到很多领域，它帮我打开了不同维度的视角。所以利用做节目的便利，我接触到了很多能激发兴趣点的东西。

Ⓛ 你有机会琢磨很多喜好的事情，是不是也为你的未来塑了一个形？

Ⓧ 我觉得在电台那会儿我没有什么具体的想法。本来去的时候内心是揣着一个做音乐的想法的，但是去了之后，我发现真正吸引我的其实不只是音乐，还有很多其他的东西。如果一定要用一个词概括，我觉得应该是生活本身。所以我愿意花很多时间去研究生活里的各种东西，比如生活里的美感，生活里的器物，生活的状态，生活的可能性……我愿意去研究这些东西，所以没有任何一个领域可以框住我。

　　做电台做到后期的时候，我发现越来越累。它帮我种了很多草，但是我没有时间去养草，但我又太想养这些草，它让我窥到了很多有意思的领域。但是当你想去研究一下的时候，你会发现自己没有时间和精力，所以最后变得越来越矛盾。加上我搭档的状态也不太好，最后我干脆提出结束这个节目。

Ⓛ 所以你没有太多的挣扎，就是觉得自己撑得差不多了，轻轻一拨，就把这根弦放了。

Ⓧ 我一直撑到那根弦快断了，然后我自己稍微弹了一下。很多人说你好有勇气，但其实这对于我来讲就是水到渠成的，不是靠勇气做出来的。我也没有用任何蛮力，差不多等到一个时候就 OK 了。

Ⓛ 但是你没有包袱吗？大家一定总在问你现在在做什么，还要弄出个什么东西来。

Ⓧ 我都已经做了 12 年节目，为什么还要做节目？我觉得作为节目主持人，小飞的人生已经翻篇了，没什么遗憾。这好比是什么？原来在电台的生涯是我的高中阶段，现在上大学了，我到了大学干吗还要回高中？

Ⓛ 现在音频节目很火，有没有想过再做与音频相关的节目？

Ⓧ 我不排斥音频，但是对我来讲，假设我现在做音频的话，能做，但是我不认为会跟两三年前有本质区别，因为还没有积累到足够多新的东西。音频不只靠声音，还要跟大家分享很多内容，我一定要自己先成为一个专家，至少半个专家，才能聊得更明白一些，内心获得的满足感也会更多一些。我不希望一聊大家就觉得这不还是《飞鱼秀》嘛，那就没有意义了。

以玩为生，以爱好过活

Ⓛ 在公号上看你工作室的照片，第一感觉特别像日本 60 年代的老绅士，每一件东西都像精挑细选过的。

Ⓧ 我跟小糖都喜欢买东西，她是出于摄影师的那种感觉，看什么东西都

觉得将来可以拿来当道具，所以只要"颜值"够，只管买回来，拍完照片就堆那儿自生自灭。我负责开发它们的其他价值，开发出来就留下，开发不出来就扔掉。我是 AB 血型双子座，从小就喜欢捣鼓各种东西，这种欲望控制不了，总是被种草，也总是喜欢给别人种草。这么多年一直在买东西，也淘汰了不少，渐渐地形成了自己的体系。

Ⓛ 你调侃自己是"重度恋物癖"，很想听听你的眼缘标准。物都有能量，打动你的那种"物的质感"是什么？

Ⓧ 我喜欢买 Vintage 的东西，它跟古董不一样，虽然都是旧的。当然我不是因为旧才喜欢，而是觉得它足够经典。我们"80 后"的这一代，小时候物质匮乏，见过的好东西不够多，审美能力在那会儿都已经种下了。你想改变，想把审美品位一点点提上去，就得花更多的钱。所以那时候我没有自信去判断一个东西的好与坏，所幸先从一些老的东西学起，看一看那些被时代鉴证为顶级的东西到底好在哪里。看照片没有用，你得买回来使用、研究，甚至拆开、重装，当你把这些东西都把玩过一遍，就能学到很多东西。

Ⓛ 用理想世界装满工作室，把满世界买买买变为节目《飞买不可》，爱音乐创办"我去"吉他俱乐部……你很擅长把每种爱好都变成自己的一部分，成为让人向往的生活方式。对于"爱好"，你的心得是什么？什么爱好最吸引你，什么时候你又开始"移情别恋"？

Ⓧ 我是喜新不厌旧型的，一个爱好冷却了，放一边说不定哪天再翻出来，而且爱好不像人，你对它没有责任，玩够了扔那儿就扔那儿了，不会对不起谁。它们其实都是丰富我人生的东西，我能从中学到东西，并且很有成就感。我非常喜欢有东西可研究，有东西可买，但同时能留

下点什么东西的爱好。

Ⓛ 你最新的爱好是露营，还有一班"Terri 野餐会"的老友，怎么
想起做这个的？

Ⓧ 我觉得现在的社会分工把人的价值剥离得很散！可能一个人每天的价
值就是生产一百个螺丝，但是他不知道这一百个螺丝会变成什么样。
我们不知道自己在做什么，为什么而做，但是每天又很忙碌，累到不
行。我为什么突然间喜欢露营这件事儿？就是因为人到野外以后，可
以重新把失落的价值感找回来。比如原本什么都没有，我们搭起营地，
升起一堆火，做出一顿好吃的饭菜。在这个过程中大家觉得太好了，
自己很有价值。

Ⓛ 我以前跟一位在非洲保护狮子的朋友聊过，他也说在纯粹的自然
环境里，人能感受到自然本身的能量和生命充实的感觉。

Ⓧ 人把自然变成了城市，在城市里繁育的一代又一代人却渐渐跟自然剥
离，之后我们都有了一种非常矛盾的心理——我们觉得自己很厉害，
又觉得自己很无能；我们想亲近自然，又本能地畏惧自然。所以很多
人在去野外之前都怕东怕西的，担心野外有虫子，担心晚上有危险，
担心没有信号……但是当你真的沉浸下来，你会觉得太爽了！目力所
及范围都变成了你的领域，内心被扩展到无限大。

Ⓛ 我看你老是说自己是 AB 血型双子座。这只是一个说法，还是你
真的觉得自己的性格就是这样？

Ⓧ 其实我对星座没有什么研究，但是我发现用这个方式来讲，在跟别人
交流的时候比较简单，能省很多话。

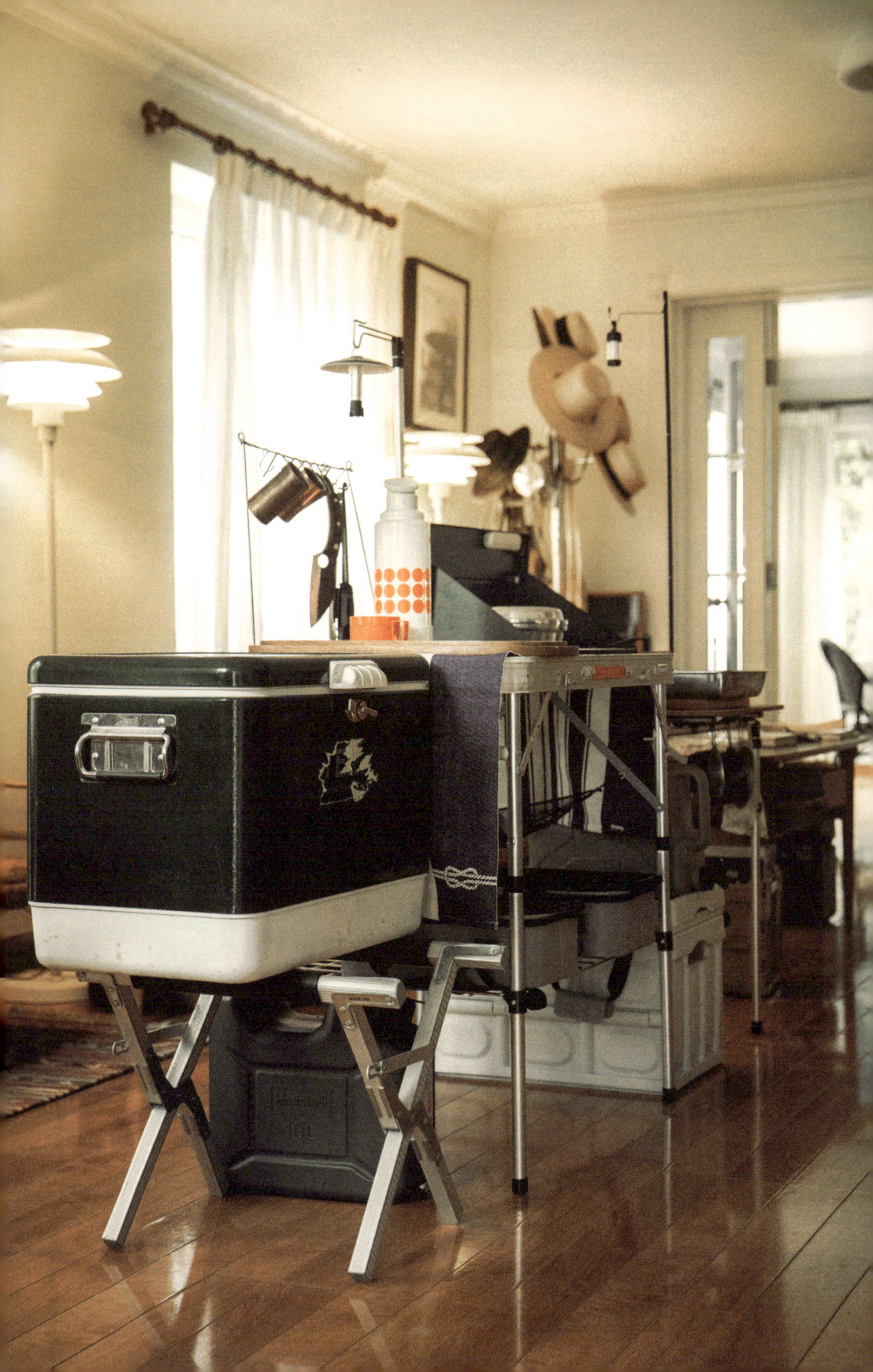

Ⓛ 你这种"小毒舌"的状态是《飞鱼秀》练出来的吗？

Ⓧ 我这方面最开始的启蒙，应该是周星驰的电影。因为像我这样跑得也不快，长得也没别人帅，家里也没别人有钱，跟所有人比其实也没有特别长处的人，要刷自己的存在感，总得有一个途径吧！碰巧在小学和初中的时候，我集中接触了很多周星驰的东西，背了他大量的台词。那种快节奏、无厘头的东西，应该算是我早期的一个启蒙。至于毒舌，特别明显地就是受当年《九品芝麻官》的影响，这给我当时的人生打开了一扇窗户。

Ⓛ 所以这个也是要练的，对不对？

Ⓧ 这个确实也得练，而且我一旦不天天做节目，状态会往下掉，比如反应会比以前慢很多。以前我可能只要零点几秒就能接住你的一个话语，给你打回去，让你觉得好有趣，现在就变得慢很多。

Ⓛ 其实你所有的认知、你的爱好、你的生活形态都是动态的，那么在变化里面，最稳的东西是什么？

Ⓧ 我觉得有两方面：现实方面是家庭，因为家庭如果散了，其他很多东西都有可能被打破，因为最核心的安身立命的东西散了就没根了，你得找地方移栽，爱好什么的只能先放一边了；除此之外就是自我实现，我研究所有的东西，其实都是为了满足自己内心的一个欲望。

Ⓛ 找到自己是谁？

Ⓧ 我知道自己是谁，但是我还要长大，我很喜欢自己每天都在变得更好的那种状态。而且在这个过程里，我不愿意欺骗自己，比如买一堆课程，感觉自己是很上进的状态，其实最后没上几节课。我不是靠这个东西，但是当我确实对某个东西更了解了，成了"长在身上的肉"，心

里就踏实了。

Ⓛ 你的粉丝都说你变成奶爸了，这样的身份转换过程中有过心理的小坎腰儿吗？

Ⓧ 说实话，我花了好几年时间才完全适应孩子的存在。有小孩这个事让我集中认识到了时间的宝贵。以前我工作完了，就可以开始我的兴趣，整个家都是我的，所有空间和时间都是我的，我可以自由选择怎么度过。现在他分走起码百分之四十的时间，这些本来是我用来充电的时间，然后我就突然意识到人生已经没有那么多时间可以让我挥霍了。

Ⓛ 所以前期是责任感驱动你陪孩子的，你现在走到一个新的阶段了吗？

Ⓧ 现在我觉得他是家人，我很喜欢他，我很愿意跟他在一起。而且在这个过程里，我也逐渐适应了有孩子的状态。

15

王世军：他是电视台名嘴、纪录片导演，也是有趣的生活家

简介：王世军，电视台名嘴、纪录片导演。闯荡过大南大北，见识过电视圈的名利，他是属于心里放不下"诗和远方"的人。从主持人到纪录片导演的身份转换，他用人的故事、视觉的记录诠释内心所爱，在时间流逝中守住生活的本真，寻找有价值和意义的事情。

王世军，习惯自称老王。在我的心目中，他不是电视台的名嘴，而是唐宁书店最重要的朋友。新店装修时，我和设计师 Zen 说起的"蓝色大门的故事"就始于他。

那年，初夏将至，唐宁华乐路老店因为和业主理念不同准备要搬迁。当时我的心里自是有些落寞，老王找到我说："一定要搬吗？如果真要搬，把那个蓝色的大门留给我吧！我实在有些不舍得。"我的心里一暖。老王说，那扇大门于他是释放焦虑的瞬间仪式，是他在工作间隙能真正放松安静的地方。

因为书店，他和整条街的人都亲近起来，留下大门，他的心里不至于空落。这是属于书店特有的故事，读者多半更似老友，相知后，这份连接很长时间都藏在心里，如同细流汇集，偶尔触动了才会涌出来。有些标识就成了共同的记忆，所幸这份记忆在新店得以存留延续下来。

自那之后，我们成了纯粹的朋友。彼此太忙，只是偶尔见面，每次见面从无生疏，叙叙近况，知道都好，再开开心心散去。

我的感叹就是，老王真会生活！记得第一次约饭，便是家宴，头天晚

上给我发来一张手写菜单，以兹确认，着实惊到我。

第二天，一进他家就是开放式厨房，与阳台贯通，可见美食于他之重要。他做饭的姿态洒脱得很，时不时招呼着大金毛梅里，再迈去阳台上揪些种的香草撒锅里。

他深爱旅行，和太太的照片大多在路上。他偏爱自然景观壮丽的目的地，完全没有埋没地理系毕业生的才华。

后来，有了葡萄，他的旅行规划就增加了女儿的视野和角度。看着葡萄在海边山边的照片，我都能感受到背后他这个当老爸的温柔注视的目光。

我见证过他书房的变迁。为了迎接女儿的出生，他心甘情愿交付了自己的书房当婴儿房，把书架茶桌都移到了厅里，音响、手鼓、茶砖等各式爱好很自然地被嵌在了角落里。

这次再去，看到地上摞起一堆五颜六色的童书，灯上挂着女儿摘的干花，空间里流动着家庭成长变化的点滴，他那一如既往对生活的认真很打动我。

老王说已经确定了未来的方向，不再以主持人的身份限定自己，而是要做纪录片导演。我知道于他这是水到渠成的选择，人的故事、视觉的记录，这些始终都是他内心喜爱的。

闯荡过大南大北，见识过电视圈的名利，他属于心里放不下"诗和远方"的人。这样的人总在寻找有价值和有意义的事情，在时间流逝中守住生活的本真。

书店总能引出奇妙深远的缘分，同爱阅读，便不会彼此失去思考；因有共鸣，而能彼此见证欣赏。我知道这样的友谊可遇而不可求。

听完录音，音频师说实在舍不得剪，比过往时长多了一倍。谁让老友见面，有趣得停不下来呢！

电视圈的光怪陆离，名利场的成败得失

Ⓛ 在我的印象中，你总是在追寻生活中的美好，可以回溯一下自己生活方式的演变吗？

Ⓦ 王志刚老师说过："闯荡过大南大北的人生活会更精彩。"我出生在非常贫瘠的沙漠里，从小心中就有一个梦想：这辈子不能永远待在沙漠里，至少要到一个可以看到绿色的地方。三线工厂的生活，与正常环境隔离的特殊成长环境，没有家乡，没有庞大的家族关系网，我的基因里有了一种强烈追求改变的渴望。

我大学毕业后进入电视行业，一下子接触到一个非常精彩的世界。金钱带来的冲击最直接，帮别人拍个片子、主持一场节目，都可以快速变现，走到街上也有人认识你，虚荣心很容易得到满足。

在欲望和利益的牵扯下，成为主持人不够，还要成为最著名的主持人。于是，金话筒成了奋斗目标，生活中所有的事情都围绕它展开，说着同样的话，干着同样的事，只为有一天能拿到那个奖杯。慢慢地，

我发现自己不对了，朋友、家人，一切亲密关系都乱了，生活完全被搞糟了。

Ⓛ 你后来是怎么抛开这些追名逐利的生活的？

Ⓦ 35 岁的时候，我突然意识到人是有天花板的。主持人层出不穷，比自己长得好看的、会来事儿的、有才华的……以前我总是考虑自己能做什么，慢慢成熟后才开始接受自己不能做什么。最后，我终于承认了一件事：有比我更优秀的主持人存在，他们是真的更有资格去得那个金话筒奖的。从过去一直认为全世界都在亏欠自己，到坦然接受自己的短处，这是一个巨大的跨越。

所以，35 岁时我做了一个重大的决定：不再把自己当成一个主持人，而是过一种媒体人的人生：认真对待自己的作品，用洞察力去影响别人，开始接触投融资，去大学里讲课，带研究生……生活因这些转型变得具有无限可能性，变得多姿多彩。

做父亲是一生最伟大的事情

Ⓛ 有了女儿以后，你的人生有什么改变？

Ⓦ 2012 年，我人生的一个重大改变就是当爹了。在这之前，我认为人生最大的追求就是过得跟别人不一样，比如我去徒步、登山，爬了多少米，走了多少公里，都是嘚瑟的资本。有了女儿之后，我发现孩子的成长过程中有更让我震撼的东西。

今年春节，我带她去新西兰看罗托鲁阿湖。她最大的收获是看见一只受伤的小鸟躺在草地上，她就一直站在那里守着那只鸟，最后我不得不打电话求助新西兰的朋友。关注一只鸟，荡个秋千，我发现她所有的快乐都在给我一个重新关注生活的视角。快乐其实很简单，很

多以前觉得复杂的事情不重要了。45 岁的时候，我意识到做一个父亲是我人生中最伟大的事情。

Ⓛ 陪伴女儿成长的过程中，有哪些难忘的时刻？

Ⓦ 我们刚到罗托鲁阿的时候，我夫人接到她奶奶去世的消息，匆忙离去，旅行突然只剩下了我和女儿两个人。在这段时间里，我就要对抗她平时的一些小毛病。比如赖床，我跟她说妈妈不在，爸爸一个人要拿所有的行李，要开车。明天早上我们还要开车到机场，把车还了之后，再坐飞机到基督城。下了基督城，爸爸还要再去找车，这个过程中没有任何人帮助爸爸，你能帮我吗？她说可以，然后她那天晚上很早就主动睡觉。第二天五点半我叫她起床，她真的起来了。

　　一直到皇后岛，夫人处理完家里的事情赶回来的时候，我们从住的地方去接她。深夜拿着手电，走在山路上，女儿特别有成就感，一路问我："我们这么晚去接妈妈，妈妈会不会激动啊？"

方圆五公里内与唐宁的情缘

Ⓛ 作为唐宁书店最重要的见证者和记录者，你怎么看待唐宁书店？

Ⓦ 我觉得书店是有性别的，唐宁书店在我心目中就是一个女孩。所谓最美书店有很多，但是能让我坚持去的不多，去唐宁书店跟去其他书店感觉是不一样的。想到唐宁我首先想到的是人，宁馨最近怎么样了？笑笑怎么样了？想到你们的时候我就想去唐宁转一转。它已经成了我情感上的一种向往和依托。

Ⓛ 你与唐宁书店之间有着一个蓝色大门的故事，这个故事具体是怎样的？

Ⓦ 做影像的人，对一些标志性的东西比较敏感，蓝色大门触动了我心里最柔软的地方。初识唐宁书店的时候，我处在人生最苦闷的阶段。唐宁是我工作场所方圆五公里内，唯一能让我感到安静的地方。那个时候，每天中午在处理完工作上的一堆破事儿后，我习惯走路到唐宁书店，或者周末加班时把车停在书店旁边。

　　蓝色大门于我而言，是一个瞬间的仪式、隔离焦虑的一个窗口。推门而入的时候，门会"叮"的一声响，预示着我来了。慢慢地，这个声音变成了一种期待。每天，我会不由自主地走环市路，过天桥，过建设六马路，到后面的华乐路，只为推门进去一下。

　　"叮"的一声进去的次数多了，我开始认识书店里的人，人和人之间变得熟悉。慢慢地，因为蓝色大门，我跟整条街上的人都熟悉起来，停车小哥、周围的快餐店、转弯过去的财记牛腩粉……走在街上会有人打招呼，大家都知道我去唐宁，生活中一些久违的东西重新出现了。

所以，后来书店在华乐路消失以后，我的心仿佛空了一样，中午不知道去哪儿了。后来，停车小哥也不在了，很多东西都变了，整条街变得没有人情味儿了。

Ⓛ 你对唐宁书店的未来有什么期待？

Ⓦ 我第一次意识到阅读对一个人的改变是在德国学习期间。在一个接近圣诞节的冬日，那天下课晚了，我去坐地铁，在月台的路灯下，德国

年轻人穿着黑色大衣和朴素的牛仔裤，所有人都在看书。当时我被这个场景打动了，瞬间有了一种"好美"的感觉。第二个感触是某个节假日的时候，在一间德国书店的儿童阅读空间，有大量家长带着孩子来。大人和孩子都坐在地板上，看书的瞬间他们是平等的。

你们的梦想是做一个社区书店，让亲子关系有另外一种更好的空间，这件事情我非常赞同！不是所有人都能像你一样春节带着孩子去10个城市，或者像我一样带着孩子去自驾游，但是书店提供了一种可能性，可以让孩子不需要走很远的地方，不需要花大量的金钱就可以了解另外的东西。如果从小养成一种阅读的习惯，真的能让孩子变得非常与众不同。

16

小桂：开花店，嫁给建筑师，生四个宝宝，她把生活过成了散文诗

简介：小桂，扫叶山房的创始人。她是三个孩子的母亲，而且即将迎来第四个。在朋友圈里看到她发的新家照片，我便无限向往，一个建筑师和花艺师为孩子们打造的家。

小桂，资深广告人，扫叶山房的主人，四个孩子的妈妈，听起来又是那种精通"十八般武艺"的女子。然而，她在我心目中的特质恰恰是她那自自在在的圆满劲儿。每次见她，衣服搭配一定是不用力过猛的精心，有点复古，有点调皮，是那种要花时间去淘、去历练才有的品位。

这次，去她新装修完的家，发现审美效果果然与她之前的风格一脉相承。每一件家具器物都有特质！不乏鲜艳的颜色，却把各种颜色混搭出素净、怀旧和安心的感觉。我好奇的是，她是如何在这么多生活工作责任之下"举重若轻"的？

事业、家庭、生活，每一个过了30岁的女子都有自己的平衡公式，样样求全不现实，必然要做减法。

聊下来，我就明白了，人生如树，必然得有根、有主干、有枝叶。对于小桂，内心的生活状态是根，家是主干，其余量力而行，尽力生长。就像她新家的布置，"住了一年，但终究觉得原先的设计假设和我们家每个成员希望的生活方式不一致，所以只能再装修一次"。

所以，在她的家里，不仅仅能看到器物的美和用心，还能看到掌家人

对家里每个成员居住意愿的充分尊重。

两个女儿喜欢同玩同住，先生需要每天三小时雷打不动的阅读时间，而她可以恣意地把家里处处摆满鲜花而不妖娆闹眼。

我问她："你的名字里有桂花，而你的植物工坊叫'扫叶'，但哪种花叶草木最像你自己？"

她说："我应该比较像那种看起来柔弱但是生命力和韧性却比较强的植物吧！比如草本的小花，或者藤蔓类的。"

我直接 P 了一张图"苔藓球上的金钱草"，恣意却不沉重，基底坚韧实在，还有着生活情趣的萌萌绿意。

通常，开花店的女人总给人浪漫过头的感觉，但小桂并不是。做花艺更像是她自我表达的一种语言，是在生活平衡后给自己预留的出口。

聪慧的女人不一定要将自己刻意塑造成怎样，而是知道自己身上有什么，该放下什么，然后专注所爱，依旧勤奋好奇地面对生活。

"我想做的事，是不脱离花艺本身。转了一圈后，还是日本那些有匠心的花店真正打动了我。现在我觉得，把每一件事用心做好就可以了，不刻意求大，不会为了做成企业而失去了当初爱花的本心。"

我自己最近因为工作两地跑，也在重新装修以前的一个小房子，但实在分不出多少心力，于是向她讨教。

她属于会把私藏宝物捧出来的那种，给了我一串好的家居店收藏，分享在帖子后面。

在我心中，女性朋友间最舒服的友谊是"守望互助"，再具体地说，就是"相互学习和分享"。

当我们需要承担更多的责任和压力时，能彼此分享生活上的积累，便让"更美，更好"变得不那么费力。谢谢小桂！谢谢身边这些"美不自知，用意不用力"的女子。

对一切不痴迷的理性派，开了小女生都很向往的花店

Ⓛ 你是广告行业出身，后来为什么转行做了花艺？

Ⓖ 我不是从小就憧憬开花店的那种女生。我这个人很理性，是接近男生的那种。开花店算是我的一个爱好，但不是通常人们认为的那种情结或者梦想之类。我开花店的原因其实很个人，就是在权衡工作和家庭之后，做出的自己认为合适的选择。

理性分析起来，我并不是家里赚钱的主力，我的专长是管理家庭。从家庭运营的角度来说，我出去拼命是不划算的。但是，我也不想做一个全职的主妇。既然我喜欢做花，在时间精力投入方面又是可以接受的，那就开花店了。

Ⓛ 你对自己的花店有什么定位和目标？

Ⓖ 我刚开始做花店的时候，咨询过一些投资人，大家都觉我应该做类似花点时间的那种。但是我自己没想过把花店做成多大规格，做这个花店最重要的是可以做到我想要的格调，有我自己的风格。

国外有很多花店，做了几十年，没有什么想法，也没有什么品牌定位，它就是一个手艺，纯粹是享受做的过程，商业立意和品牌立意都是自然而然形成的。这是花店最打动我的地方，我还挺喜欢做一个手艺人的。

Ⓛ 你的花店想要维持一种什么样的风格或者商业形象？

Ⓖ 在我看来，花这个东西没有那么沉重，更多的是一种对生活的理解，或对生活方式的选择，所以我们卖的花没有太强烈的风格。

一直到现在，我们花房出售的花艺商品都是很生活化的。我很少

做那种用来求婚的花盒，那些红玫瑰，很多开一次就都废了。我们基本上所有卖出去的花艺都是养在水里的，生命是可以延续的。

35 岁开花店，做 4 个孩子的妈与做自己不冲突

Ⓛ 你是 4 个孩子的妈妈，要工作，还要管理一个大家庭，却永远能保持一种举重若轻的状态。你是怎么做到的？

Ⓖ 我生了孩子之后，个人的生活状态其实没有什么改变。因为我不觉得妈妈这个标签或这种身份需要改变我其他方面的认知。

Ⓛ 我今天进你们家最大的感觉是你们每一个人，哪怕是一个小孩子，都保留了自己独立的空间，彼此之间都很尊重，这从你们家的布局上就可以看出来。

Ⓖ 这就是我们平时的生活状态。我不喜欢那种传统意义上的其乐融融，把一家人硬塞在一个空间里。

　　我妈妈有自己喜欢看的电视剧，跟我们的绝对不一样；孩子有每天要玩的东西；老公喜欢每天看三四个小时的书。这些都是不能撼动的个人权利，都需要在独立的空间里完成。

Ⓛ 作为三个孩子的母亲，即将迎来第四个，在孩子教育问题上你有什么心得？

Ⓖ 首先，我们没有"望子成龙，望女成凤"这样的想法。我们可以接受自己的小孩是个普通人，这是在生孩子之前就有的认知。我们对孩子们最低的要求是，你不能是一个寄生虫，走出家庭后要有独立生活的能力。所以我们家都已经规定好了，这四个小孩我们只供到大学毕业，之后就全部赶出家门，让他们自己去承担自己未来的生活——不管是

怎样的生活。

在这个前提下，我希望他们能够快乐地成长，不必承担太多大人赋予的东西——一些我们自己没有实现的愿望，或者求而不得的东西。我们所有的努力还是把自己的生活过好，用一种好的生活状态去影响孩子。

花艺师与建筑师的家——
装一年，住一年，再装一年

Ⓛ 你们家房子的建筑格局很特别。这样的房子是怎么找到的？

Ⓖ 我们以前住的是一个三居室，但是发现彼此间的打扰太严重了，于是就开始在网上找五居室，发现根本找不到。

后来，我们开始找一些"奇怪"的房子，发现很多建筑的顶楼都有一套特别的房子，是开发商单独留出来的。现在的这套房子以前是田震的工作室，我们买下来之后，做了很大的改动。

Ⓛ 每一次搬家都是对自己生活的一次梳理，自己想要的家居风格和生活形态会越来越清晰。你觉得这次搬家有什么可以整理的经验吗？

Ⓖ 在这里，我们第一次装修就花了很多时间。首先是预先还原了一个搬过来生活的场景，但在真正住进来之后才发现有很多地方需要调整。所以我们又搬出去，对这里做了大规模的调整：一楼客厅，是3岁的儿子和即将出生的小宝宝游戏的地方。楼上客厅，是大人招待朋友的地方，抽烟、喝酒都不会打扰到小孩子。餐桌是家庭成员一起交流的地方，我们在"家庭日"的时候一般会出去聚餐。两个女儿的卧室有单独的活动室，可以在自己的小空间里招待朋友。

Ⓛ 作为一个典型的恋物癖，你敢于在网上淘各种各样的东西。有没有哪些是你觉得特别有意思的？可以挑一两件分享一下吗？

Ⓖ 我们在杂志上看别人家，一般都看不到纸巾、牙刷这些生活日用品，因为这些东西是很难呈现得好看的！当你看着杂志上的图片布置自己家的时候，放进这些东西后，就会很乱。所以，我花了很多时间去处理这些细节。你可以看到我们家收纳的东西比较多，还专门留了一个小房间做储存室，放我们日常的食粮。

我偏爱复古家具，在网上砸了不少钱以后，最后保留下来了几家店，大部分家具都在这些店里定制。对于家装必不可少的地毯，家里大大小小有20多块。我最喜欢传统地毯，因为容易配搭，任何环境都不会失手。

17

赵荣：选美冠军、综艺花旦，穿越浮华后沉静自守的"荣公子"

简介：赵荣，广州电视台当红花旦，集主持人、演员、歌手于一身的全能女艺人。除此之外，她还是选美冠军、慈善大使、生活家、辣妈。颜值、气质、风度、才华、爱心……她身上有着太多的耀眼光芒，牵引着观众追光而行。

我和赵荣有不少共同的好友。在广州居住的那些日子里，我们有过好些次邂逅相遇的缘分，而像这样坐下来长聊却是第一次。

在她娓娓道来的这个下午，我自己过往曾有的情绪、生活中的画面也会时不时被勾起。像是一场迟来的对话，隔跨十年再回看，那个当年内心纠结、挣扎的我或她其实并不孤独，即使过往不曾相知，冥冥中也是具有相似灵魂的朋友。

"美在花城"夺冠之后，她又一气呵成地主持了十多届美花大赛，成为广州最深入人心的综艺当家花旦。前两年再见，她已结婚，有了女儿，一头利落的贴耳短发，身形愈加精瘦，成了周遭朋友们口中的"荣公子"。

看女性的成长无非从"才情"和"性情"两处落脚。才情与天赋、努力相连，而性情则与家庭和人生际遇有关。

在成为美花冠军那年，赵荣还是星海音乐学院美声专业的学生。若不是她亲口告知，我都无法想象她那瘦小的体格能迸发美声的气势。

自小长在潮汕的澄海，家人对她的期望只是进入交通系统求份安稳的工作。父辈们眼中的安稳在她眼里是那种一眼看到尽头的无望。15 岁离家到广州上艺校，她心里的决然有着倔强也有着超越年龄的重负。

报考星海、参选美花、进电视台都是她自己一个人做的决定。好在对音乐的感悟力让她在星海如鱼得水，清纯大方的形象又让她在选得冠军的翌年成为电视台力捧的综艺主持人。这看似幸运的风光背后，除去她本就亮眼的容貌，更是她自小追随音乐梦想闯荡天涯的韧性。

一切始于才情而归于性情。声名渐起之时，围涌过来的人或事让她的内心充满了恐惧和不安，乃至不得不小心分辨。"那时的自己就是竖起刺的刺猬"，我知道那一段早已走过。

我能理解那种小心翼翼，也能理解她深夜主持结束后无法自制的眼泪。不愿意被贴上各种标签，因为违逆了父母意愿的自我冒险更需要"自律"。只是她所经历的比我还要惨烈得多。她说，"内心不变"慢慢成了她的人生信条。

这样的信守在戒绝了太多诱惑的同时，也束缚住了她。在影视演艺这行，太多的机会需要营营求求。不影响电视台主持人工作是她接受影视和唱片公司邀约的前提，"对于台里，我始终心怀感恩"。

才情需努力加持，而性情则决定了努力之上选择的方向。过早失去重要的亲人，让她看待世事难免悲观，不做刻意的强求。这份随缘随心反倒给了她一份可安住的姻缘——先生恋她十年，周周转转走在一起也算是水到渠成。

而成为母亲倒更让她释放了那刚柔兼具的性情。她会在家里开着音乐抱着几个月大的女儿跳舞，也会在女儿哭泣的时候告诉她："哭可以，但哭除了伤到自己，实在没用。"

听到这一句时，我心里竟泛出酸楚，只有孤身一人倔强打拼过的女子，才会这样对自己的女儿说。因为我们不仅希望给她们温柔的爱，也希望给她们将来长大后踏赴荆棘之路的勇气和坚强。

前一阵在上海到访钱文忠老师家。他花了许久和我讲现时对女性独立精神的误解。在过往，母亲决定了家的气性——生活方式也好，教育观念也好，家风如何传继多在于持家的女子。

我们这一世的前行哪里只是为了自己！成就也好，挫折也罢，都是我们在面对一个家、面对一个幼小生命时肩上应有的担当。

无心插柳的选美冠军

Ⓛ 15 岁从汕头到广州读艺校，考入星海音乐学院声乐专业，那时候你对自己未来的期待是什么？当时决定从艺，是自己的决定吗？

Ⓩ 我出生在汕头的一个小城市，父母都在交通系统工作，他们也希望我将来能做这一行，但是我那时候就感觉如果待在那个地方，我的人生就一眼望到头了，所以非常迫切地想走出去。

我记得我考上艺校要离家的那天，他们还是很希望我不要出去。我很少反抗家长，但是在那一刹那，我心里有一个非常强烈的愿望，我要为自己做一次主。考星海也是我自己的决定。从小，我就对音乐很感兴趣。那时候想学钢琴，家里没条件也没敢提。后来，我跟着一个老师学了一个学期声乐，发现自己对音乐很有感悟力，所有听过的旋律，我都可以把谱子写下来。

当时的艺校是民办类学校，很多时候都得靠自己。那时候我们每个礼拜都要办一场晚会，每个班轮流策划。我是当时学校的文艺部长，每场活动都要全程参与。那三年给我带来了脱胎换骨的变化！我完全走出了自卑胆小的阴影，变得对自己非常有信心。

Ⓛ 作为 2001 年"美在花城"的冠军和广州电视台多年的当家花旦，设想一下：如果没有 18 年前这个选美冠军的头衔，你的生活会是怎样的？"美花"于你而言，是打开命运之门的钥匙，还是一

个曾经试图撕下过的标签？

Ⓩ 如果没有"美花"，我可能会成为一名音乐老师吧！这是我最开始的一个小梦想。但是人生的境遇真的很难讲，我当初参加"美花"其实只是因为自己的一点好奇心，至于最终当选冠军更是想都没想过。当时"美花"的培训基地就在我们学校隔壁。有一次我跟同学经过，很好奇她们都在培训什么，就进去问了一下。面试官看我俩条件不错，就破格录取了。

　　90年代是选美的黄金时代，所以那几届比赛声势都很浩大，海选的2000名选手要经过层层筛选，最后只留下20名进入总决赛。其实走到那个阶段的时候，我心里是很忐忑的：一方面，比赛压力真的很大；另一方面，我也担心请太长时间假会影响学业。所以，那个时候我一心想着回学校，得奖的那一刻反倒没有那么激动。

　　我觉得自己非常幸运，不仅是因为"无心插柳"地得到了这个奖，更主要的还是因为从此跟"美花"结下了缘分。接下来的"美花"比赛就几乎都是我在主持了。中间也有过一年倦怠期，总觉得大家每年都看到我会看烦。现在沉淀了几年，心态放开了，我反倒更看重这段缘分和感情了。

Ⓛ 演艺圈无心插柳的例子很多，你因"美花"进入广州电视台，以主持人、演员、歌手的身份三栖发展。哪一个身份是你最喜欢的？其中你有过怎样的规划？

Ⓩ 我参加"美花"的那年刚好大三，后来就参与到广州电视台的室内短剧《开心二十四味》的拍摄。毕业以后，正赶上他们想培养一个新闻主播接班人。台长看我长得比较端正，适合播新闻，就考虑把我留下来。我那时候一句粤语都不会说，知道要播粤语新闻还有点排斥。

　　我父亲是退伍军人。我从小都是看着中央电视台长大的，所以更喜欢讲普通话，更渴望做综艺！正好当时赶上七一晚会，综艺部让我去试试，一试还挺适合，就这么做了综艺的主持人。我那个时候挺享受做主持人的，对台里的器重也充满了感恩，所以，后来很多唱片公司和影视公司想要跟我签约，我一听要放弃广州电视台的工作，就全部拒绝了。

对于唱歌这件事，我其实挺困扰的。因为我的嗓子很不稳定，容易出状况，整个大学期间，我都滴酒不沾，也不敢吃辣，每天都得小心翼翼地保护自己的嗓子。大三的时候，我们系主任觉得我的形象更适合做歌手，所以建议我由美声转唱通俗，这就意味着我要放弃学了几年的东西，重新练习另外一套发声技巧。

后来，有一个金牌录音师跟我说："你得进棚磨一段时间。三个月我能给你磨好。"但是，我那个时候工作实在太忙了，根本抽不出时间。所以，唱歌这条路我在很早的时候就几乎放弃了。我对表演的强烈兴趣是这几年生起来的，拍了几部戏以后越来越喜欢。但是在这方面，我心态很放松，遇到合适的机会和剧本就拍，没有也不强求。

独善其身的当家花旦

Ⓛ 选美比赛、主持圈这些都属于花团锦簇但也充满诱惑和角力的地方，独善其身极其不易！是什么让你能在其中保持清醒？其中你有过困惑期吗？

Ⓩ 一路走来，我都在成长，每个阶段的自己都是不一样的。以前在家的时候，我其实是一个特别内向和自卑的女孩。15岁走出来以后，我的身上发生了非常大的变化。

那时候一个人在广州，很多事情都得自己做决定，尤其是拿了"美花"那个奖后，很多的机会和诱惑一下"砸"过来，很多不同目的的

208

人都围过来。我在选择的时候，不得不非常小心地去分辨。

大家都很容易给选美出来的女孩贴标签，我很怕被人抓住把柄，很怕被人说闲话。我总是在心里告诉自己，"我内心不要变。不要让家人为我觉得丢脸"。这慢慢成了我的人生信条，以及做选择时的取舍标准。

曾经有一段时间，我都处在有点抑郁的状态。那时候工作很忙，经常一个人很晚回家。对着镜子卸妆的时候，我的眼泪就开始吧嗒吧嗒往下掉。好在我是很容易衰，也很容易逼自己走出来的人。当我觉得自己状态不对了，就开始想办法调整。

后来，一个朋友带我接触了红酒，我突然发现自己喝完酒后的状态很轻松，所以那段时间没有工作的时候，我都一个人在家，倒一杯红酒，看自己喜欢的电影。我这几年开朗了很多，也放松了很多。以前我从不旅行。现在那些应酬，能推的我都推掉，留出时间给自己去外面走一走。

Ⓛ 你是潮汕姑娘。潮汕女子在我心目中大多低调、有担当。潮汕文化对于你的成长有哪些影响？又有哪些是你和传统潮汕女性不大一样的地方？

Ⓩ 我骨子里有一些潮汕女性传统的性格，比如脸皮很薄，不喜欢在公众场合大吵大闹，弄得彼此很难看，还妨碍别人。我更愿意把自己私人生活的东西放在私下消化。但是我身上也有很多不同于潮汕女性的地方，这跟我妈从小对我的教育有关系。

在我父母那一辈，很多潮汕女性都是不工作的，所以到现在我都很佩服我妈！她跟我爸爸在同一家单位上班，回家后还要做饭收拾房间，比一般的潮汕女性承受的要多很多。但是她从小就跟我灌输一种观念——女人一定要独立，要有养活自己的基本能力！如果你不工作，你要花钱的时候，就得伸手跟男人要，那你也只能时刻看着男人脸色生活了。

爱讲大道理的妈妈

Ⓛ 之前我跟一个女性朋友聊天，她说孩子对她影响最大的是人生价值观的排序。她会心甘情愿地把以前放在事业上的时间拿来陪伴家人。你呢？女儿的出生对你有怎样的影响？

Ⓩ 我很享受跟她在一起的时间。从她几个月大的时候，我就开始抱着她在家里跳舞。现在多了一件好玩的事情，她的小嘴巴太能说了，经常语出惊人，我又是一个特别爱讲道理的妈妈，时刻都像对待大人一样跟她沟通。

　　那天坐在车上，她说："妈妈，我不喜欢白色和黑色的花。"我说："你可以不喜欢白色和黑色的花，可是它是存在的；以后你也会不喜欢一些人，可是他们也是存在的，你要去包容，去看到其他方面。"当时，我朋友坐在旁边非常无语！她不能理解我怎么会跟小孩说个花都说出这么多大道理。

Ⓛ 对你女儿的未来你有什么期许？你希望她成为什么样的人？

Ⓩ 从小到大，我骨子里都是悲观型人格，所以对自己也没有怎么长远规划过，一直也是随遇而安。对于她，我也不会给予过高的期望和压力。我希望她可以听从自己的内心活着，不要过太拧巴的人生。

　　她有时候很怕吃苦，想学跳舞，又觉得每天压腿很疼。我觉得学不学完全取决于她自己，如果她可以做一个看着别人在台上表演，自己在底下鼓掌，欣赏别人的人，那也是一件极好的事情。但是如果她看别人在台上表演，自己很羡慕，也想上台，那她就得付出时间和辛苦了。

Ⓛ 费勇老师是我俩共同的好友，他这几年一直在做生活榜和生活方式研究，你也一直都是他的支持者，为他主持了多次活动。说到生活方式，你内心中期许的生活方式是怎样的？

Ⓩ 我觉得选择什么样的生活方式因人而异，每个人要追求的东西不一样。我那天主持第三届生活榜发布会的时候，费老师分享了未来生活的两种关键力量：一是科技，二是美学。一类人认为未来很多东西会人工智能化，科技会让人从生活与劳作中解脱出来；另一类则觉得我们可以享受科技带给我们的便捷，但是我们也应该保留一家人共同分担家务劳作的生活气息，比如在周末的时候，带着孩子用最传统、最有温度的器物去经营一家人的生活。

　　对于我来说，不管未来如何变化，我始终追求一种简单、随意的生活。这几年有了孩子以后，工作上的很多事情我都放缓很多，身边总有一些朋友替我着急。但是我觉得这样的状态挺好，自己的日子自己过，而且现在也只有这样的状态、这样的工作量，我才有机会把孩子照顾好。你不可能事事都兼顾、都平衡得很好，自己心里舒坦才是最重要的。

PART VI

为人父母：和孩子一起重新成长

木朵爸爸："速写本子"上的木朵家"童话"——快乐是努力得来的

简介：木朵爸爸，微博热传《木朵百睡图》作者。自从女儿木朵出生以后，他开始用画笔一日一画，记录和陪伴女儿的成长，在网上引起了不小的轰动。如今他的画作里多了一个主角——儿子米卡——一家四口的生活越加鲜活生动。

会画画的人总令人心生羡慕。凭借想象力和感知力，一纸一笔，就能创造一个新世界。作为画者，能成名成家固然幸运，但我始终觉得，最幸运的是能用画作来表达爱的人。木朵爸爸就是这样的人。

朋友介绍木朵爸爸的时候，我一下就勾起了我脑海里曾看到过的《木朵百睡图》的记忆。画中细密的线条，铅笔深深浅浅地勾勒，小人儿沉入睡眠的安然，小胳膊小腿放肆地各种蜷曲伸张，会瞬间激起人心底细微的暖流。如同宫崎骏电影里的小女孩，睡在山坡上，或风之谷中，或是龙猫胖乎乎的肚子上，那是梦想世界中最温情的一幕。

那时我就在想，能有这样笔触的，该是一个高高大大、有着宽厚肩膀、笑容温暖、充满对女儿保护欲的爸爸吧。去做客那天，因堵车晚到了点，木朵爸在院子门口等我。一见面果真和我猜中的相若，不过那随意飘扬的头发是个意外，倒也与他建筑设计师的身份贴合。

木朵爸的微博叫"速写本子"，上面记录着木朵家的日常点滴：姐弟俩玩瑜伽球，一家人在雪天里一起去故宫过情人节……一条一条翻看着，忍不住赞叹："好有爱啊！"

印象最深的片段，是他们在之前房子住的时候，木朵的卧室墙顶上有一个准备装灯留下的小孔。木朵爸就依着那个形状画了一只考拉，然后告诉木朵，每天早上醒来会发现小考拉又多了一位新朋友。

于是很多个夜晚，女儿睡着了，昏暗的灯光下，木朵爸爸滴着汗珠、踮着脚在屋顶画下一只又一只小动物。直到有一天，木朵躺在自己的小床上，睁开眼就会看到整个动物园。木朵渐渐长大，这样的美好，记忆里应该盛得满满的。

而这些美好的瞬间，是木朵爸和木朵妈一点一点精心打磨出来的。就像百睡图的每一张，都是木朵爸画了很多张草稿后，找到最能被打动的一瞬。木朵的每一个生日都是在木朵妈精心策划的各种主题旅行中度过的。还有家里的每一处公共空间，设计得让一家四口都可以舒服地在一起，阳光、绿植、书籍、画作、玩具，一样都不能少。

"在一起！"木朵爸说他很坚持这一点，所有的旅行都要一家四口在一起。为了做到精密地协调时间和高度地自律，家、家人的需要永远摆在第一位，而住处、工作地点、空间反倒可以尽可能去调整。

我打趣说，这是剧场版的生活。木朵爸说，木朵妈才是他的精神支柱。两个人过了 20 个情人节，一起住小房子，一起奋斗，一点点走到现在。语气中全是珍惜和感恩。

生活可以是童话，但现实从不是童话。幸福的家、美好的生活，人人都想有。但是真不容易啊！始终有热情，充满创意，奋斗打拼，才能有更舒适的家，给孩子更好的教育。更难的是，无论生活给了什么，都不要抱怨，不要让琐碎磨平内心的快乐。

木朵爸说，画画的时候他故意不想画得太逼真，希望看到画的人就像看到自己的孩子、自己的家人。那样的瞬间动容，其实人人都有，若能慢慢……那么记忆就真的沉淀为时光的甘露了。

爸爸的木朵

Ⓛ 在画木朵之前，你也经常把生活中的东西画下来放在微博上吗？

Ⓜ 那时候还没有微博呢！画木朵是从微博时代开始的，当时的微博跟现在的微信很像，看的人全是自己认识的。我发第一张百睡图的时候，木朵妈妈说你有本事就天天画！我说这有什么不行！然后就从那天开始每天都在画，最终画了180多张，一直画到她长成小女孩。我觉得再画不好了，就停了。

Ⓛ 当时你有想过会一下子那么火吗？

Ⓜ 没有。我一直觉得我就是在做一件很平常的事情，所以火与不火对我来讲心理上没有太大变化。我画木朵，其实也不是为了画而画，我更把它当成是一种陪伴。因为我觉得小女孩三岁以前和三到六岁是两个关键的成长阶段。老话也说"三岁看小，七岁看老"，三岁以前培养孩子的性格，三到六岁培养孩子的好习惯，这两个阶段都需要更多的陪伴。等到她上学了，我们就该停下来看着她的背影往前走了，但是我还会在背后默默地保护着她。

Ⓛ 你们现在的这种家庭状态是你最大的成就感来源吗？

Ⓜ 满足感、幸福感更恰当一些！成就感主要还是在事业方面。说起来很有意思，我从小的理想就是要有一个闺女，出一本漫画书，现在这两个理想都实现了。还有一个理想就是等老了以后教小孩画画。现在我虽然没有教过课，但其实已经影响了很多孩子让他们喜欢上画画。

Ⓛ 你说你从小就想有个女儿，那时候你多大？

Ⓜ 大概是在初中的时候，我看了一部电影，名字已经不记得了。里面的主角拉着女儿小手的瞬间一下就感动了我！我觉得那种保护欲的感觉特别好。从那个时候起，我就想，将来一定要有个女儿。所以木朵出生的时候，大家都说，恭喜恭喜，如愿以偿了。

Ⓛ 所以我看你和木朵的相处，就感觉这个爸爸真是百分之百给足了女儿安全感。

Ⓜ 现在亲子关系太透明了！我觉得网络上的各种表演性很强，所以我不太愿意拿女儿的事情炫耀，包括画木朵、出书什么的，我也没想过借这些来宣传自己。所以当时很多人找我做品牌，拍电影，做动画片，我都拒绝了。我觉得这个是我女儿，如果你把形象做差了，那我对不起我自己。

生活童话的背后

Ⓛ 通过这一年多来的采访，我跟朋友们聊到很多亲子话题，发现我们这一代父母在孩子教育方面存在普遍性焦虑，而生活和家庭都协调得很好，其实是一个很大的学问。

Ⓜ 我觉得这还挺正常的，因为我们身边都是这种家庭化的组合，爸爸们的参与感都很强。像 Michael 钱儿家，我们有时候看他们那么努力，时间管理做得那么好，我们就觉得真的不能落后。比如我们一起相约健身，那两口子真的能做到每周五六次那样，而且照常录音，一天做很多事情，真是太不可思议了！后来接触多了，我们开始意识到是我们自己活得太松懈了！这样不是不好，而是可能会对孩子造成一定的影响。

所以我们基于自身家庭状况做了一些努力，不是为了努力而努力，而是要让孩子们看到我们也在做很多事情。就像现在木朵妈写公众

号，其实也不是为了写，或者为了接广告而写，她是想让自己坚持做一件事情，为了不让自己松懈下来。孩子们也一样，胡玩海玩不是不好，但是到了一定年龄，什么技能也没有肯定是不行的。所以我们会让孩子选择学习自己喜欢的技能。一定要有技能，画画也好，音乐也好。你可能不期待他们成为画家、音乐家，但这些都是情绪表达的管道，这类技能对他们一生都会有益。

Ⓛ 在选择学校上呢？你们是选择公立还是私立？纠结过吗？

Ⓜ 以前我们在城里生活的时候，楼下就是公立学校，搬来这边是为了上私立学校。我觉得看孩子的性格吧！木朵性格比较内向，选择这种国际学校或者双语学校，她会感觉自由一些。

Ⓛ 因为木朵要来这边上私立学校，你们把家搬过来了？

Ⓜ 是的。我们是先租房子，再买房子，一起搬过来先适应一下，看看行不行。行就继续，不行就回去。

Ⓛ 看来实践之后，你还是觉得这边更适合孩子。

Ⓜ 像木朵这种性格，如果在公立学校，她可能就是按部就班，老师让她干什么就干什么，成绩也会很不错，但是她可能会把自己真正喜欢的一些东西耽误了。米卡无所谓，他是主动学习型人格，公立私立都可以。所以每个孩子的情况真的不一样。

Ⓛ 木朵现在学弹琴、画画这些也是在学校吗？还是另外报的校外课程？

Ⓜ 都是在家附近学。我们的原则是就近，不折腾。你不能为了让孩子上个课，跑大老远的。

Ⓛ 你可是为了孩子"孟母三迁"的人，直接搬到学校门口了。

Ⓜ 这也是为了自己方便。我们都比较重视生活化，不管住在哪里，都得让这个家舒舒服服的，这是我们的原则。

Ⓛ 你们家的气场就是让人特别舒服，一进门就能静下来。很多家庭有了小孩以后，都是满坑满谷孩子的东西。

Ⓜ 所以合理规划家庭空间很重要！比如我们家住人的房间相对比较小，二楼最大的房间给孩子们做了活动室。那个空间可以很乱，书和玩具都在那儿堆着。我还在客厅里给他们放了小帐篷，玩的东西可以堆到里面去，这样就不会感觉很乱。

Ⓛ 你这么布置也是因为有专业的支撑。

Ⓜ 我觉得即使没有专业的支撑，我们也会这样布置。很多生活化的东西归根结底都是性格所致，最主要的就是审美。遗憾的是，以前很多中国家庭都没有审美教育。我们小时候上美术课时，都是老师在黑板上画一个东西，大家照着画，一节课就过去了，后来干脆直接改成自习课了。现在回过头来，很多家长让孩子们去接触这些东西，我觉得实际上最应该改变的是家长。最大的影响力来自家庭！家长自身不改变，孩子学再多意义都不大。

快乐教育不等于玩

Ⓛ 我相信在绝大多数的事情上你都会遵循孩子的天性，但是你会不会偶尔挑一些事情来磨炼他们的性子？

Ⓜ 肯定是有的。就拿弹钢琴来说，就很磨人。开始时，妈妈陪木朵一起

222

学，后来根本跟不上进度，但还是陪着她。因为有时候，特别她练不过去的时候，脾气不好，她很希望我们在旁边陪着。然后等她慢慢过了这个坎，她就会觉得真好，"我坚持下来了"。

Ⓛ 在以前的采访中你提过："单纯希望女儿成为一个快乐的人。"对于快乐教育，你有什么心得？

Ⓜ 我觉得真正的快乐是了解自己，比如我在画画、做方案的时候就很快乐。孩子也一样！我希望他们能在自己喜欢的事情上找到快乐，这才是真正的快乐。所以我们能做的就是带他们看更多东西，然后让他们自己选择内心真正喜欢的。

Ⓛ 你们现在经常带着木朵和米卡出去旅行。在亲子旅行规划上，有什么心得可以分享？

Ⓜ 我们每年都给他们安排固定的生日旅行，他俩的生日月份刚好都在假期，木朵是 10 月份国庆假期过生日，米卡是 8 月份暑假。木朵的 9 个生日都是在不同地方度过的，马上就是第 10 个了。孩子妈妈是爱旅行的，她都是这次刚回来就开始计划下一个了。大家的时间，旅行的主题都是她定。所以我们每次出去旅行都有各种各样的噱头，比如萤火虫之旅、梵高之旅。这些规划也都不是刻意的，只是我们自己喜欢玩，也愿意带着他们一起玩。

Ⓛ 你一路上也都在画画，行程安排会慢一些吗？

Ⓜ 很慢。我们不会为了打卡某个地方而旅行，我们到哪儿都是深度游，就是扎在一个城市里好好玩。我们会根据自己的兴趣设计很多玩法，比如我是做设计的，木朵妈以前是做酒店栏目的。我们喜欢住各种各样不同风格的酒店。有时候在一个城市，我们可能在城里住一晚，城

外住一晚。旅行也分不同的形式，有一些是开着车自驾游这种方式，也有一些是静下来休闲型的，我们会根据不同的时期安排不同的旅行。

活出自己的生活气场

Ⓛ 对于木朵和米卡的到来，我觉得你还挺顺的，心里想的事情都实现了。但是当孩子真正出现在你生命中以后，对你最大的影响是什么？

Ⓜ 我觉得都是很正向的影响。首先我特别喜欢小孩，该有的都有了，所以我会顺理成章地做我该做的事情，画画也好，我对他们的陪伴也好，都是很自然的。我从来没有刻意要做什么。

Ⓛ 所以你一直都以一个很轻松的心态面对。

Ⓜ 我觉得快乐都是自己找来的。很多人说，你时间怎么那么自由？我说，这个东西也都是努力得来的。看似顺理成章的事情，首先都得你自己往这个方向努力。我们身边那些看起来很悠闲的朋友，背后时间管理都做得特别好。很多人看不到这些，所以他们不理解，甚至郁闷痛苦。

　　我觉得心态很重要。我们从来不羡慕别人，不会顺着别人过成怎样，我们一直都过自己的生活。就像这个家一样，别人把这种风格搬到自己家也不合适。这个是我的家，只有我能驾驭。我能做到这种程度，我觉得够了，满足了！

Ⓛ 我知道你很在意自己内心快乐的状态，但是肯定也有困难或者挫折的时候。你是调试能力特别快，还是根本就不允许自己掉到那个状态。

Ⓜ 在我们家，木朵妈是我的精神支柱。她是那种比较稳定的人，我就比较情绪化，所以我赶上事儿的时候，很需要她在背后支持我。很多人

说，你怎么那么多创意？其实很多想法都是我俩配合出来的结果。有时候一张白纸摊在我面前，要画什么我没有灵感。木朵妈过来给我点一下，我就来灵感了。她看了之后又会说："你实现的比我想的要好。"我们一直都是这样的搭配。

Ⓛ 我觉得你具备把自己内心想的东西投射出来的能力。画画也好，做空间设计也好，与女儿的互动方式也好，旅行也好，你把它们

投射出来，把自己变成了一个空间体系。

Ⓜ 其实我也希望能影响到别人。这么多年来，我一直发微博，就是觉得这个东西可以吸引到跟你气场相近的人。很多粉丝看我画了9年木朵，在这个过程中，他们也谈恋爱、结婚、有了自己的小孩。所以这些画，这些理念最终影响到了很多年轻父母。他们在对待自己孩子的时候，可能就会尝试另外一种方式，而不是上一代人的方式。我觉得这就特别好。

19

陈蓉：从奥美总裁到中年创业，她的人生像教科书一样精准

简介：陈蓉，奥美前总裁，如今国内素质教育行业知名品牌"天使和坚果派"的创始人兼CEO。作为国内少有的数据营销专家，众多创业课堂的导师，她同时还是两个孩子的母亲、与先生相互扶持的创业者、众多朋友的好闺蜜。斜杠生活背后，是她超常的付出和对专业度的坚持。

论起女子的美好，在我心目中最难得的是"温润"二字。"谦谦君子，温润如玉"，光芒凛于内而非形于外。这句话在古代虽多用于形容男子，但如今女性一样需要持家立业，自若圆融，比喻起来，倒也不失恰当。

陈蓉，我叫她Angel姐，便是可当上"温润"二字的女子。

1996年进入互联网营销领域，在奥美13年。从初阶开始，一步步做到奥美互动中国区总裁，进入全球董事会。她的职业履历可作为那一代专业精英的标本。

而4年前，她变成了伙伴们口中的"天使姐"，开始了儿童户外教育体验项目"天使和坚果派"的创业。

素质教育项目是长流水，需要耐得住时间细心打磨。做这样的选择和她的一双儿女有莫大的关联。

女儿果果12岁，儿子畅畅9岁。她说她不希望孩子们像"外表新嫩，内心脆弱"的草莓派，而应该像坚果，足够坚强，不容易被伤害，无论在世界上的什么地方都可以生存下去。

有了为人父母的经历，则很容易体会这样的责任和苦心，尤其是在对

于孩子教育大面积焦虑的当下，因为我们的孩子面对的是一个高度未知的未来。

可是真能付诸行动，寻求改变，并能实现孩子教育理念的商业化、惠及更多人的，则少之又少。因为太重，太不容易！按"天使姐"的话，这4年当中前3年都是在"吃土"中走过来的。

70岁的父亲为此一周没能睡着觉；投资人会质疑她的理想主义，质问她是要做成功的企业家还是伟大的教育家；广告行业过去的大佬朋友也直言没必要做得这么重让自己这么累。为了能让项目发展下去，先生卖掉过去的生意，也加入进来一起帮她。

到了今年，项目终于翻过了山坳，受到投资人的青睐，开始赚钱。在这幸运背后，一路有着先生和孩子们的支持。我和她的这次聊天，谈到商业成功的篇幅很少，大部分都在聊亲情和教育，这也是她无论多忙都极其看重的。

作为两个妹妹的长姐，她说她从小就明白自己是姐姐，吃梨的时候要拿最小的那个。父母年纪渐长，生活安排上的事，一定是她这个长姐来完成与家里的各种沟通。

她说感恩这样的安排，让她从小就开始在无形中接受"领导力"的训练，而"长于沟通"则是她毕生受用的技能。

只要不出差，晚上七八点她一定会赶回家陪孩子们做作业，聊聊一天中在学校里发生的事儿，直到他们睡着了再去工作。

陪娃，对于她来说是每天雷打不动的事儿。就这样日复一日，她成为孩子们最能倾诉心事的对象。而提到先生，她会尊重地说："我们过去这二十多年是在一起成长中走过来的。"

我问她，做"天使和坚果派"的4年她有怎样的改变。她说是"放松"——妈妈放松了，孩子们才能幸福；只看自己的孩子就会限于苛刻。

老人生病、孩子贪玩、夫妻创业中的争执，中年人该经历的风波在她

这儿每一样都有，只不过在她的脸上读不到。不偏执，不悲喜，都在心里化了、在现实中解决了，自然不会再留下痕迹。

她有一句话，我特别喜欢，"我要让我的孩子看到一个女人一辈子应该是一种什么样子"。

人生如书，父母就是孩子成长过程中最独一无二、最重要的那本书。在这本书中，有看待人生的角度、观察世界的维度，在漫长的时间和天地悠悠中，陪伴他们找到自己一生安在的方向。

从小培养 leadership

Ⓛ 从外企高管到教育创业，同时兼顾好孩子的培养和父母的照顾，我觉得你的人生安排像教科书般精准，这是你从小就想过的生活吗？

Ⓒ 我们小时候眼界很窄，没有那么多机会，我的世界都是从书里看来的。后来离家到苏州上大学，毕业后在深圳、广州待过一阵儿，最后来到北京。这是一个寻找自我的过程，直至进入互联网行业，我觉得我找到了。

　　现在回望这个过程，我真的觉得国外的孩子拥有 Gap Year① 是一件非常幸福的事情！他们可以不抱着很强的工作目的，去尝试，去认识这个世界，找到自我。可是我们当时没有这样的机会，也想象不到未来是什么样，只能摸着石头过河。所以能走到今天这一步，我觉得太幸福了。

Ⓛ 我看你在公众号里分享过三代人一起去台湾看山海的旅程，家里

① Gap Year，空缺年，常指中学毕业后上大学前所休的一年假期，用于实习或旅游。

232

两位七十多岁的老人都很依赖你。可以和我们分享一下你与父母的相处之道吗？

Ⓒ 学会跟老人相处是成长的最大课题。有时代的鸿沟在，我们改变不了他们，就要试着接受；而且我觉得以我们的标准去要求他们，也是不公平的。

我妈是那种闲不住的人。我跟一个心理学家聊过这个事情，他说你妈这种状态就是一个十六七岁的小姑娘，都没成年，你只能哄着她！你要把她当女朋友对待，带她去逛街，给她买好吃的。

Ⓛ 作为家里的长姐，这种身份会造就你更多的担当和责任意识吗？

Ⓒ 我们三姐妹年龄相近，关系也一直很好，从小到大，我都非常感恩这样的安排。我一直觉得，所谓的 leadership 就是敢于吃亏，往后退一步，

让更多的人获得利益，这就是我从小养成的性格。

　　现在我二妹也在北京，我俩几乎同时怀孕，她女儿和我女儿的生日前后只差了23天。我们几乎每个周末都要见上一面，她来的时候总会给我带一点什么，比如跑去牛街给我买一包卤牛肉。因为血缘关系在，我们可以很长时间不联系对方，但是一方一有事儿，另一方一定立马张罗。这让我知道世界上始终有些人是真心对我好，也让我的内心始终充满了安全感。

从外企高管到教育创业

Ⓛ 你在奥美一干13年，不换行业，连岗位都不换，是什么支撑你一直坚持的？

Ⓒ 我找到自己喜欢干的事儿以后，就再也没换过，一直在做市场营销相关的事情。奥美是我以前公司的服务商，我觉得他们很神奇，我们这边一团乱麻，他们画个图就可以把我们的一团乱麻理清楚。

　　我当时就想去系统地学习一下，结果就一口气待了13年。在这个过程中，奥美给了我很多系统的思考方法。方向明确、结构清晰、预算投入、持续优化、不断改进，做任何事情都有这么一个过程，没有什么事情是"一招鲜，吃遍天"的，也没有任何取巧的方式。

Ⓛ 你在40岁创业的时候，周边有多少反对的声音？

Ⓒ 我爸一个星期没睡着觉！因为我以前在奥美位置太高了，大部分人都觉得你疯了吧！人家一辈子都爬不上去，你多成功啊，说不要就不要了，而且还裸辞！但是我觉得我是回得去的，而且我如果不停下来，我就真的找不到方向感了。

Ⓛ 你当时是在一个什么节点上觉得必须放弃的？

Ⓒ 那几年经济不好，广告公司，尤其是大型广告公司遭遇了特别大的挑战，而且 40 岁出头的我总想做些什么、改变些什么，那个念头特别强烈。我老公经常说，你想做就做吧。我说那就做吧。

Ⓛ 后来你先生也加入进来，夫妻一起创业有利有弊，关于这一点你是如何考虑的？

Ⓒ 我们两个一直是一起成长的，所以他知道我这一路遇到的事情，也了解我的难受劲儿。起先一起创业的过程中也有过吵得不可开交的时候，但是毕竟二三十年下来，他知道我的脾气，我也清楚他的秉性，我们两个总有一个人能保持理性。

　　我觉得夫妻创业一定会面临的问题是你对对方有个不切实际的期待，觉得他就应该懂你、让着你，可是当大家进入工作状态以后，谁也不是老婆老公，就是合伙人，角色非常分明。所以后来我们就规定，回家不许谈工作！如果有一个人谈，另外一个人绝对不接话。一直这么磨合了大半年时间。我觉得两个人一起工作其实是最艰难的挑战！我们连合伙创业都经历过了，也就再也没有什么其他问题了。

Ⓛ 创业不像你在大公司，刚开始的时候什么都得自己做。你花了多长时间适应这个过程？

Ⓒ 我觉得我真正找到状态是在去年吧，身边的朋友以前总说我是"仙女"。我开玩笑说，现在"仙女终于下凡"了，就是脚踏实地了。中间也有一段时间非常妄自菲薄，自我否定，也有各种看不顺眼的事情。上上下下折腾这么久，现在终于调节好状态了。

Ⓛ 你想过公司比较健康的成长速度是怎样的吗？还是你觉得不用想这个问题？

Ⓒ 从商业本身的角度出发，肯定是要想的。我们不是做一个小而美的生意，而是要将好的东西与更多的人分享。我们现在每年的业绩都在翻倍，但是我觉得，到一定规模以后，就不会这样每年成倍增长了。

这样一个企业做得好，坚持下去，做到几个亿，是完全有可能的。但是怎么用新技术让它避免不经济的运营规模，同时能够做得更开，这实际上是我们下一个阶段要思考的问题。所以现在我说创业带给我的最大启发就是先把一个事儿干好！一件事儿都干不好，想其他的也没有用。

坚果派世界公民

Ⓛ 除了让孩子开心外，家长对这个项目的预期是什么？

Ⓒ 家长一开始关心的都是孩子能学到什么。在大自然里，孩子能学到的东西很多，比如野外生存能力、交朋友的能力、独立生活能力……除此以外，家长和孩子一起玩耍、一起体验、一起经历之后，他们最大的收获来自彼此关系的改变。

Ⓛ 我曾听你说，希望把孩子培养成面向世界的公民，你怎么解释这个概念？

Ⓒ 我觉得语言能力、生存能力这些表象的东西都是容易培养出来的，难的是怎么让他们形成自我认知、强大自信以及对文化的认同感。如果我们希望给他们未来的生活打造一些基础，如强大的内心、在世界各地的生存能力，这些都是非常重要的。

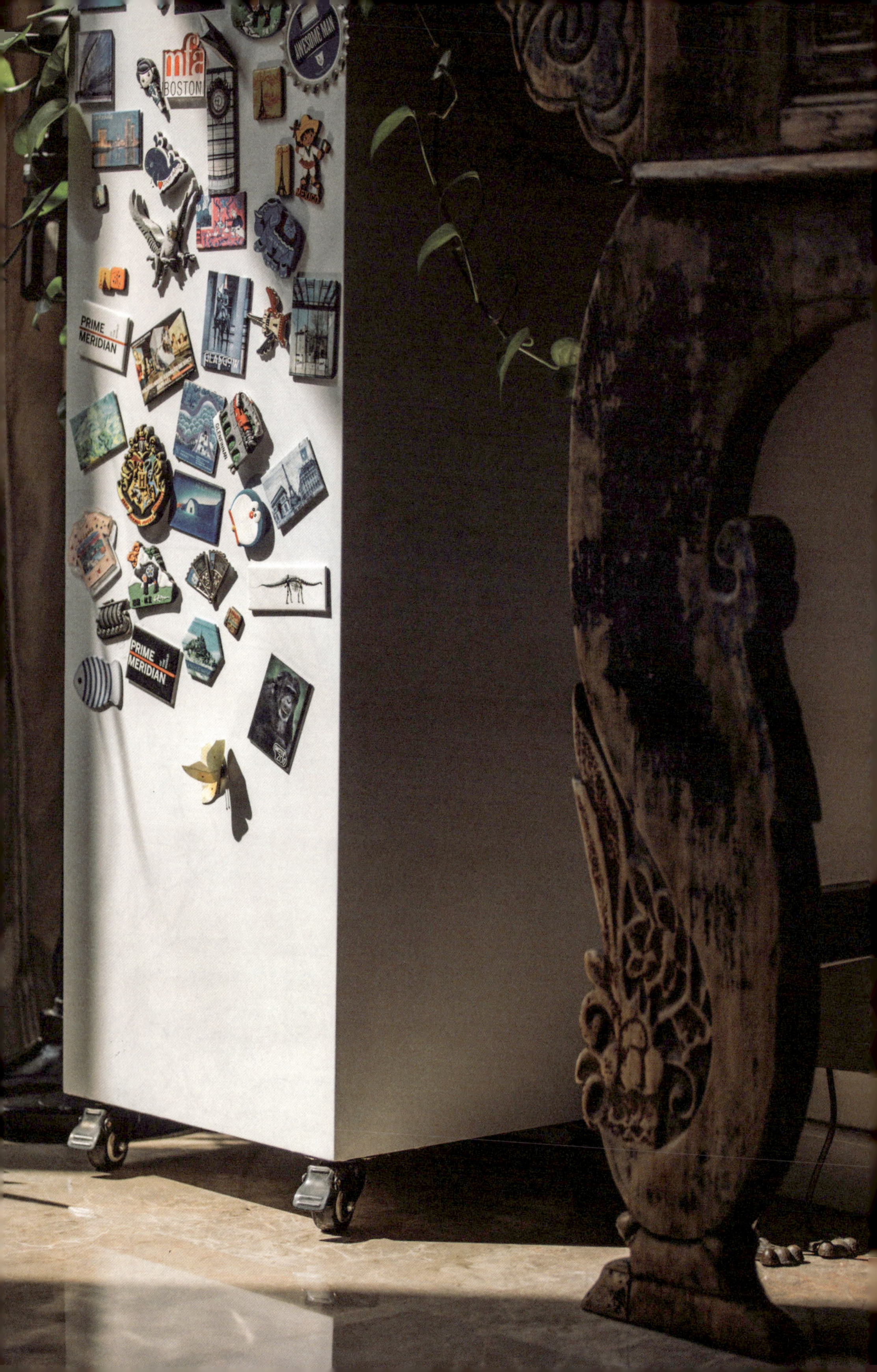
mfa
BOSTON
PRIME
MERIDIAN
GLASGOW
PRIME
MERIDIAN

Ⓛ 在做"天使与坚果派"的 4 年里，你自己的教育观念发生了什么变化？

Ⓒ 我放松了很多。如果只看自己的孩子，尤其是妈妈，就容易陷入苛刻的模式，比如人家说你家孩子长得真好，你就会说不够白；人家说你家孩子英文说得非常好，你就会说可是不会背唐诗……只有当家长自己放松下来，孩子才会跟着放松，也会变得更幸福。像我女儿现在进入了青春期，我们能沟通，她信任我，愿意跟我聊天。

Ⓛ 平时你怎么管理孩子们对钱的概念？

Ⓒ 从八九岁起，他俩就开始有自己的零花钱。每个月我还给他们设立了一笔奖金，表现优秀的时候就能得到。他俩都有账本，我们约定，文具和衣服我来买，他们自己在学校的零食、给同学的礼物等都是他们自己买。如果他们帮我买了东西，比如帮我去星巴克买咖啡，我都会把钱还给他们。

Ⓛ 职业方面，你会以自己期望的方向引导他们吗？

Ⓒ 我现在着重做的是带领他们探索这个世界，帮他们发现自己。在这个过程中，我发现有些事情是他们不喜欢的，比如我女儿练芭蕾练了 4 年放弃了。本来我觉得女孩子学学芭蕾挺好的，但是她喜欢骑马，完全是女汉子的性格。说到底，孩子是一个独立的个体，不管我们自己是怎么想的，都要尊重他们。我们可以引导，但是也要面对失败的结果。

Ⓛ 你想象过自己 60 岁时候的样子吗？

Ⓒ 我觉得自己肯定还会很美，因为我不会放任自己变成一个臃肿的老太太；我一定要有一点事儿做，保持我对新世界的认知能力；孩子们的

事情会参与得更少一些。我们会在全球范围内经常走一走，在多一些地方生活。那时候的我会处于一个相对半退休的状态，但我很难真正退休。我要一直保持好的身体状态，还有学习能力。我要让我的孩子看到一个女人一辈子应该是一种什么样子。

PART Ⅶ
勇敢的开拓者：人生总有不一样的活法

20

睫毛：北平花园背后的青海姑娘，"躺在花丛中"，不是梦想，而是生活

简介：睫毛，北平青年旅舍、北平咖啡、北平花园民宿、北平花园餐吧创始人兼主理人。以繁花似锦的胡同青旅为起点，这个爱花、爱美食的青海姑娘，一路对美好生活痴迷到极致，在花海中创造了一个又一个传奇，把大自然的舒适分享给繁忙的都市人。

约莫 6 年前，北京某次豪雨，翌日放晴，天空一片清蓝如洗，应是我印象中北京最美的一天。我和好友相约去南锣鼓巷走走，阳光温煦熏得人酥软，忽而被眼前一处花园惊到了眼，再看才发现是一间咖啡店的入口。

于是，那个下午的时光就撂在了这间店里的白沙发上，我们也记住了"北平咖啡"这个名字。看着满眼的鲜花，我就在想，这店主得是怎样的人啊！在南锣鼓巷这样的位置，即使撤去所有的鲜花，咖啡厅也照样运营，况且这所有的花插得如此恣意，恨不得溢出桶啊瓶儿的。

那年九月底，北京设计周花植集艺术节在宋庆龄故居里举办，小糖说你也来看看，美得很。在一个名叫"一人室"的花艺装置前，她一身花布裙，绿袜子，大圆头的搭襻鞋。小糖介绍说："这就是睫毛，北平咖啡的老板。"哈，我们就这么认识了。

她的作品的视觉中心是一张床，适合做梦的那种，花帘垂落便是幔帐，旁边有草帽、白裙、绿胶鞋，仿佛随时有个姑娘会从床上蹦起来走到花园里。

后来再约的聊天在郊区她用仓库改造的家里，这是先生高高送她的礼物。睫毛说，只有两件事她会羡慕别人，一是花比她多，二是花园比她大。来北京十年后，先生亲手设计了一切，帮她圆了梦。

我自己的创业也是从开店而起，深知其中的辛苦，便好奇她如何从民宿、咖啡再到花园餐吧，一间又一间，积累到现在的 7 家店，又各不相同。

她的答案是"随性"二字。有合适的地方、合适的想法，看什么合适便做什么。这回答真的很妙，透着三分艺术家、七分匠人的气息。

她有爱物惜物之心。在她看来，每个空间都该物尽其用，只不过最重要的是：所有店里的鲜花都得她自己去买、去插！

于是，每周都有一天，她会凌晨 5 点摸黑出门，去花市买下一车的花，再开车转遍北京城里她的 7 家店亲手布置完一切，那是她最享受的时刻。

她对于花的痴爱源于在青海牧场度过的童年。那儿草会发芽，花会盛开，季节时光不是日历台上的数字，而是肌肤的触感。

从小，爷爷奶奶陪她长大，教她用真诚拥抱自然，在困难面前一笑而过。即使后来为了读书进了城，她最盼望的就是假期快来，回到牧场。"那儿的日子真是幸福啊！"她笑得嘴角弯起，露出白白的牙。说起来，我好像没见过她不笑的照片，每一张照片里她都笑得明媚灿烂，就像她插的花，有股子无法抑制的快乐。

高中时，同学从国外背回一本书，她一下子被迷住了。那本书讲的是塔莎·杜朵，就是那位在美国东部佛蒙特荒野里花了 30 年建造起 19 世纪风格农庄的塔莎奶奶。

画画、写书、种花种草种果树，做很多的手工，和心爱的狗儿、鸟儿一起生活……睫毛说，她爱塔莎奶奶的一切。那种朴质自足的田园生活是她生活的梦想蓝图。

然而睫毛没有等到 56 岁搬去郊野才去实现这个梦想，而是在北京，在这个因读大学而来的城市里，从胡同里的一个花园、一间咖啡馆开始，让梦想在自己手里一点点织出来。

　　北漂的不定、开店的辛劳，都在她笑起扑闪的睫毛里化为乌有。在这个繁华的大城市里，她仍旧记得青海牧场里春天到来时，土壤一点点温暖起来……这些给了她源源不断的生活能量。

牧场的幸福童年

Ⓛ 我第一次去北平咖啡，目光就被那里恣意生长的植物吸引了，感觉所有花都要溢出的样子。当初怎么想到开这样一家店？

Ⓙ 之前也有人问过我："南锣鼓巷寸土寸金，你为什么愿意花这么多钱和精力，专门把门口那么好的地方空出来陈列植物？"我的想法很简单，就是希望那里有花，然后就做了。

　　其实我是一个特别不商业的人，完全不会考虑成本，现在北平咖

啡这么多店一年赚多少钱，我都没什么概念。可能赚不了多少，只要不亏本，够生活就可以了。

Ⓛ 你10岁以前的记忆都是青海牧场，能和我们分享一下那是怎样一种生活吗？

Ⓙ 那时候我跟大自然的亲近就是"肌肤之亲"。春天草儿一发芽，我就迫不及待地脱掉鞋子，跟小伙伴们一起在草原上奔跑。没有红绿灯，也没有人阻碍你，像一个男生一样，每天滚得满身都是草。所以我奶奶总是说我有一股泥巴的味道。

　　草原上很缺水，喝的水都是爷爷用毛驴驮回来的，但是奶奶每天晚上都会烧一盆热水，把我放进去，就像洗小羊一样把我从头到脚都"涮一涮"，然后扔到铺好的帐篷里。我记得我是躺在一个凳子上面，奶奶会这样用水给我冲着，不让泡沫弄到眼睛里。小时候真的很幸福。